恕道與大同 ／張起鈞遺著－－初版－－
台北市：東大出版：三民總經銷，民77
〔8〕，251面；21公分

1.儒家－中國－論文，講詞等 Ｉ張起鈞遺著
121.207/8756

恕道與大同

作者 張起鈞
發行人 劉仲文
出版者 東大圖書股份有限公司
總經銷 三民書局股份有限公司
印刷所 東大圖書股份有限公司
地址／臺北市重慶南路一段六十一號二樓
郵撥／〇一〇七一七五－〇號
初版 中華民國七十七年十一月
編號 E 11007 ①
基本定價 肆元捌角玖分
行政院新聞局登記證局版臺業字第〇一九七號

恕道與大同

張起鈞遺著

滄海叢刊

1988

東大圖書公司印行

燈下哭師讀遺稿

這是吾師起鈞教授最後的遺著，也是代表他一生思想最重要的幾篇文字。

前年（七十五年）十二月初，老師匆匆的離去，留下了許多文稿。他的公子萬有先生來電，希望我們幾位弟子幫忙代為整理出版。正好去年十一月十二日，我和吳森教授相偕回國參加國際孔學會議。便於十四日晚上，約同王邦雄，曾昭旭教授一起整理。師母搬出了老師所收藏的文稿和遺著，大大小小有十幾包。其中除了兩包吳森教授和我寫給老師的所有信件（可見老師對學生關懷之深），及一包老師用端正的毛筆楷書所抄寫他在大陸辦報時的幾十篇時論社評（可見老師寫作的一絲不苟）外，其餘都是他最近幾年來，撰寫他一生思想的稿件。在這裏，我們發現了他寫作的一段艱辛的過程。

平時，我們常聽老師說：他的文章是哭出來的。但却不知道他是怎麼樣的哭法？可是從他的遺稿中，却發現了他構思之深，用心之苦，和下筆之細。任何一篇論文都是經過他長時間的推敲。譬如有關同一篇文字有許多大同小異的綱要，這說明了他在構搭一篇文章時，便下了很大的設計功夫。接着他收集了無數參差不齊的紙條，上面都寫着他零散的心得。現代學者寫論文，往往利用許多卡片，搜集了各種資料，而老師的這些紙片，却是他隨手拈來，所寫下的心得記錄。可見他的文字都是從自己的心胸中流出來的。現在，我們讀他的文字，只覺得一氣呵成，非常順暢，又那裏知道在這一氣呵成之前，却是經過他斷斷續續，千錘百鍊而成的。

在這些遺稿中，我們一共收集了十一篇文字，把它們分輯成三部：

第一部，一共三篇。這些文字可說是老師一生學術上的結晶。雖然他生前出了好幾本有關老子哲學的著作，極有見地；又敎了幾十年《老子》的課，被學術界公認為《老子》的權威。但老師的志不在此。他曾自嘲說：敎《老子》只是騙飯吃罷了。他的志趣乃是要建立一套救世救人的學問。這一志趣，直到他五十九歲那年，創立了「大同學會」，及文化大學的「大同研究所」，才有了具體的表現。自此以後，到他臨終的十年，他可以說把全部的思想精神都投注在大同的學說上。「儒家大同思想的現代意義」一文，便是他呼籲大同學說的一篇世界性的宣言。歷來學者雖然對大同思想也有觸及，但都是限於歷史的、考證的，而老師這篇文字，却是現代性的，世界性的，而且是為未來人類解決問題的。從這一方面來寫，本文恐怕還是古今中外的第一篇。然而只談大同的理想還是不够的。任何學說如能站得住，傳得久的話，必然都有一個深厚的哲學基礎。

於是老師便為大同學說找到了儒家的哲學基礎，就是一個「恕」字。在「恕道哲學」一文中，老師不僅從人性的深處來說恕，而且從天道的根源上來說恕。自古以來，大家都知道「恕」是孔子思想中一個非常重要的德行。可是學者們的論恕，幾乎都是引經據典而談。沒有一人能像老師一樣，從淺近的心理中，平凡的生活上娓娓道來，把恕引入我們心中，把我們引入恕中。這是理與情的相融。以我的愚見，在老師的所有作品中，這篇文字應是代表之作，而且是不朽之作。老師喜談「飲食之道」，就套句飲食的話來作譬。有些學者的工夫，好像是飯館裏的二廚，把菜分類切好，把香料分配放好，而老師正像大廚，經他那妙手一炒，便把那些互相獨立，甚至互相排斥的生菜之味，調和成一道可口的上品佳肴。然而單有哲學的基礎，仍然不夠，還須落實在實際的政治上，所以老師接着又寫「大有為的政治思想」一文，副標題是「從三民主義統一中國到三民主義領導世界」。當我第一眼看到這標題時，着實大吃了一驚。因為老師雖然非常敬佩孫中山先生，但從來沒有和我們談起三民主義的理論，我也根本沒有聽過他要寫有關三民主義的文字。可是當我讀完了這篇文字之後，才恍然大悟。原來老師不願「大同學說」和「恕道哲學」成為空談的理論，所以把它們歸結到三民主義上，藉通過實際的政治，把儒家的偉大理想與思想實踐出來。這是老師用世的苦心。但他的這一歸結，絕不是一種理論的預設而已。凡是讀了這篇文字的人，我想都會有一種為三民主義而驕傲的感覺，也都會有一種為實踐三民主義以達到世界大同理想的使命感。

第二部，一共四篇。這些文字乃是老師在追求大同理想，研究恕道哲學的過程中，返觀內心，體驗生命而寫成的。大同的「全」不是混然的一體，而重在個別的精粹；恕道的「推」不是只講以己度人，而重在自我的充實。在「我」一文中，老師強調了儒家自強不息的人生觀。所以該文副題為「自強人生的序曲」。所謂「序曲」就是說明在恕道運作中，這個「我」乃是第一步。在中國哲學裏，重視「我」的學說很多，如莊子講「真我」，禪宗講「本來面目」，這些思想都偏於空靈，而恕道的「我」却是要活在人間，活在希望中。為了要使這個「我」積極的活着，老師在「高高興興的活着」一文中，提出一種悅樂的人生觀。這並不是要我們一味的追求快樂，而是要我們以悅樂的心情對付一切，而是要我們把自己的悅樂帶給別人。如果大同沒有人與人之間的悅樂，這不是大同，而是共產；如果恕道不是傳達人與人之間的悅樂，這不是恕道，而是霸道。為了使悅樂能向上的，更積極的表現，老師在「生命的創造」一文中強調了做人的道理。這個做人的道理，不是從外面加在人身上的敎條，而是順着個體的悅樂，生命的上揚而建立的。這一篇在第二組的文字中是比較吃重的，它和「恕道哲學」正好是前後呼應。儒家思想裏常常忠恕連言，忠是盡己，而本文就是一篇盡己之學。最後一篇「我的摸索」，是老師逝世前半年，師大退休時，在師生朋友為他舉辦的茶會中提出的。這是老師以現身說法來實證這個「我」。這是一個哲學的自傳，也是一個哲學的自剖。他前面提出那套理論學說，都可以在本文中找到了源頭。

第三部，一共有四篇。這些文字分論孔、孟、老子和宋明理學，都是討論學術的作品。「孔子思想的現代價值」，是為新加坡倡導儒學而作，這是老師向外宣揚大同思想的努力。「孟學旨要」一文是老師對孟子精神的遙契。老師一生最欽佩孟子，因為孟子有大抱負、大擔當，而能直承儒學的道統。「憂患意識看老子」一文，這是老師經過了對這「我」的體驗之後的一個新看法。因為「憂患意識」四字都是就儒家思想來論的。以前老師寫老子思想，雖然不承認老子是消極的，但都就自然主義、退化史觀、消散政術，和恬淡人生來論老學的特徵。而本文卻以儒家的意識，發揮了老子積極救世的一面。最後「摒棄宋明理學的衰論，樹立大有為的領導思想」一文，更是一篇極有震撼力的大文章。在《中央日報》登出後，各方的反應非常強烈。但多半都是認為老師講出了他們心中所要講的話，當然也有一些為宋明理學辯解的。其實老師本文在表面上是指出宋明理學的流弊，實際上，正是撥雲霧，而為了見青天。所強調的，乃是儒家救世救人的大有為思想。如果只以宋明理學的得失來討論本文，實在是錯會了本文的用意。程朱陸王如果地下有知，相信也會雙手讚成這種大有為的思想，因為這本是孔孟一脈相傳的道統精神。

老師在剛退休後，便遽然而逝，使得學術界都為他歎息；使得朋友學生們都為他痛惜，因為他還有太多的話要說，還有太多的東西要寫。可是當我讀完了這幾篇文字之後，卻覺得老師了無遺憾，因為單單這幾篇文字，已經夠好了，夠多了。在文化學術的接力賽中，老師這一棒是跑得這樣的快；這樣的漂亮！緊跟着的，是我們要怎麼樣的跑？才能使老師不為我們而感覺遺憾呢！

最後敬錄老師的詩一首，以誌我們對他永遠的懷念：

「能文未承時人載，
韜略空懷不參軍，
馮唐自幼卽白髮，
李廣竟判難帶兵，
辦報結社經世志，
呼籲大同匡濟心，
天不喪文聊自解，
假假真真希聖人。」

（按：本詩為老師敬和陶希聖先生之詩而作。原載於《名人好書雅興》一書。當年老師考軍校十一期，因體檢被淘汰，轉而考入北大政治系。而陶先生正是該系主任。）

受業弟子

吳　怡　敬撰於

美國舊金山

一九八八年十一月一日

目次

第三部

附錄

第一部

儒家大同思想的現代意義

大同、簡單說就是要：「天下一家、和美共處」。這是中國人傳統嚮往的目標；而也正是人類當前必須遵行的途徑。

一、大同的傳統

地理雖不是文化的決定因素，但在某種環境下，才能培育某種文化，這種因果依隨的關係，卻無人能夠否認。中國文化的發展，當然也不例外。

我國文化起源於黃河流域大平原，沃野千里，一望無垠。在這塊原野中生長的人，日夕薰陶，潛移默化，不知不覺的便養成一種胸襟開朗，恢宏大度的氣概。加之地處溫帶，四時有序，既無祁寒酷暑，又少天災地變（如颱風，地震……等是）；就人類生存的情況講，此一地區，實給人們帶來最爲正常宜人的生存條件。人們置身其間，自然心地平和，少有偏激兇狠的反對意識，或是有我無你，唯我獨尊的心情。因此，自然就滋蔓萌潛一種四海皆兄弟，天下是一家的胸懷。試舉例來說：商朝尙鬼，最有宗教意識，《商書》「咸有一德」中說「非天私我有商，唯天佑于一德」。從這句話，我們可以體會到商朝人的心中，商朝之所以得天佑是因其有德，而非與天有何私密的關係。再加引申的話，就是商人的觀念是在上天面前人人平等，只有有德者居之。這與猶太民族視上帝爲其族所專有，而自稱爲上帝的選民，其胸襟懷抱是如何的不同。

這種懷抱經過列祖列宗的陶鑄發揚，就形成一種天下一家，世界大同的思想。我們試一翻閱古書古史，隨處都可發現萬邦和善相處的理想。仍以《書經》爲例，卽有

「協和萬邦」❶

「萬邦咸寧」❷

「萬邦咸休」❸

❶ 見《書經》堯典。
❷ 見《書經》大禹謨。
❸ 見《書經》冏命。

「萬邦黎獻，共惟帝臣」❹

都是嚮往萬邦和協，相安共處的局面。而舜典中還有

「柔遠能邇……蠻夷率服」❺

的字様。這不僅是萬邦協和，並且要扮演這「萬邦協和」局面的主角，換句話說，就是要負起君臨萬邦，平治天下的責任了❻。

這一簡單而模糊的觀念，到了《禮記》的禮運篇中就正式提出了大同的名稱，原文說：

「大道之行也，天下爲公，選賢與能，講信修睦，故人不獨親其親，不獨子其子，使老有所終，壯有所用，幼有所長，矜寡孤獨廢疾者皆有所養，男有分，女有歸。貨惡其棄於地也，不必藏于己；力惡其不出于身也，不必爲己。是故謀閉而不興，盜竊亂賊而不作，故外戶而不閉，是謂大同。」

---

❹ 見《書經》益稷。

❺ 見《書經》舜典。

❻ 考據家對前述《書經》各篇，多有爭執，疑爲後人假託附會，但縱令是附會，而就其能附會得上這一點來看，就是證明堯舜古帝是有類似的想法，甚至還可從這斷篇零簡中透露我們列祖列宗傳，共循的大方針。

這就是通常所說的禮運大同篇了❼。

自是以來，這種思想一直爲國人所崇奉，而「大同」一詞，便成爲公認的政治理想了。近代海通之後，儘管學術思想政治文化起了空前未有的巨變，但這一理想卻仍爲國人所共遵。卽以清末維新，針鋒相對的兩大政治領袖來說吧，保皇立憲的康有爲，和革命的 孫中山，兩人政治立場，如南北極之不同，但卻無不推崇大同思想。康氏著大同書，其中雖多不經之論，而其視大同爲理想，以大同相標榜，則是不爭的事實。至於 中山先生，更可說是紹承了大同思想一脈相傳的正統精神。他不僅一再推崇「禮運大同篇」的典籍，同時並眞在發揚大同的精神，要爲大同理想而奮鬥。他明白的詔示我們要「……成一個大同之治」❽。尤其要拿這套理想，來挽救西方的弊端，解決世界的問題。他要：「……以化彼競爭之性，而達我大同之治也」❾，而他三民主義的最終的目的，也就是在實現世界大同，所以說：

「三民主義……以建民國，以進大同」❿，

不僅 孫、康這些巔峯的人物如此，就是一般知識份子，甚至社會人士也無不嚮往大同之治。我

---

❼ 如所週知，此文只是《禮記》禮運篇中的一段，原不是「篇」，但近人爲了強調其重要性，多習稱爲「大同篇」，名稱本是人起的，既然約定成俗，此處也就從而相稱也。

❽ 民族主義第六講。

❾ 《實業計劃》自序。

❿ 原爲黃埔訓詞，現爲國歌。

們姑就社會上習見的事作一佐證吧，試將現在臺北所用的電話號碼簿打開來看，其中行號廠商以「大同」為名的，自「大同X光醫學檢驗院」，直到「大同體育用品行」，凡以大同為名的，在臺北市共有一百一十四家之多⑪，內容包括餐館、戲院、診所、醫院、米行、茶莊、當舖、銀樓、麵包店、傢俱行、以及大公司大企業，各行各業，無不應有盡有。至於名不列於電話簿中的尚不知有多少。假如這字眼是政府所尊倡，如中山、中正，或是業務目的所在，如金寶財利之類自不足奇，妙在這卻是一個與實有無關的抽象觀念，只此一端，就可說明大同的理想是如何為國人所普遍的尊崇與嚮往了。

二、大同的本義

㈠大同的代表典籍

由前所述，可知大同是我們中國人普遍流行的思想，自最古傳述的堯舜帝王，直到現代民間各行各界人等，無不具有或多或少的大同思想。而把這大同思想鄭重其事記載宣說出來的，那就勢必以前述的所謂「禮運大同篇」為代表。其所以具有代表性者，理由有三：

⑪ 臺北區電話號碼簿，分類部，六十九年版第廿——廿一頁。

第一，這是在既有典籍中最先提出「大同」字樣的。（按：《書經》洪範篇曾有「大同」二字，但那是指博從衆議，與卿士庶人卜筮之意大大相同，與「大同」之義有別，不能混淆並論。）

第二，它是在古代典籍中正正式式對大同理想加以描述的。

第三，這段文字是載在五經中的《禮記》中的，地位極爲崇高。因此大家一提到大同就都以這段文字爲代表，尤其近代經過　中山先生的倡導就更受到大家的推崇；甚至以訛傳訛稱之爲「禮運大同篇」，足見重視的一斑了。

我們現在既說儒家的大同思想，當然也要從此處談起。

㈡大同篇的內容

首先且從文字方面依次分析一下它的含義：

「大道之行也」——「大道」當然是指聖人之道了，大道之行也，從文字上講就是：聖人之道得以展現；從實質上講就是：指一個合理的美滿的社會。而下面各項就正是這合理美滿社會中的情況。

「天下爲公」——天下爲公器，人人有份；人人不得而私之，意與「家天下」對。

「選賢與能」——在這個社會（天下）中，用人惟才惟德，意與背景、身份、關係……等對。

「講信」——信指道義，(《論語》云「民無信不立」是)「講信」就是在這個社會是道義相尚，一切以道義爲歸依了。

「修睦」——人與人之間，應和美相處。

「故人不獨親其親，子其子」——不僅親親子子，還要進一步的「親其親以及人之親，子其子以及人之子」，這就是「不獨」兩字含蘊的深義了。如以佛學爲譬，不能只作自了漢的小乘，還須作濟世立人的大乘，因此而有下面的話。

「使老有所終，……，矜寡孤獨廢疾者，皆有所養」——用現在的話說，就是人人都有生存的權利，並且要好好的生存，這就是「及人之親」，「及人之子」的具體表現。

「壯有所用」——人人有工作之權利，從另一方面說，人能各盡其才。

「幼有所長」——人人有受教育之權利，同時也可說，國家要負責教育青年，教之作人。

「男有分，女有歸」——此話含有兩意，一是男女有別，二是婚姻問題得到合理解決，作到內無怨女，外無曠男的地步。

「貨惡其棄於地也，不必藏於己」——這就是要地盡其利，物盡其材，那也就是要開發經濟了。而這一開發，乃是爲了社會，而非爲一己之私。用當前的話講，就是民生主義而非資本主義了。

「力惡其不出於身也，不必爲己」——人人享受其自己工作的成果，而不剝削他人的勞働。

「是故謀閉而不興」——謀，指巧詐欺騙之事，講信修睦的結果，不僅沒有這種詐騙欺人之事，並且連欺騙的念頭都不會有，所謂「閉而不興」了。

「盜竊亂賊而不作」——人人有飯吃，人人講信義知作人，不藏棄貨，不役他人之力，試問那還有盜賊。

「故外戶而不閉」——無人爲惡，不必設防，因此達到夜不閉戶的安和社會。

若將上面這些含義，綜合起來，就是要「天下一家，和美共處」了。所謂「天下一家」是講人類間，無復敵對團體的存在，當然無征伐殘鬪，統治壓迫的事了。所謂「和美共處」，是說人是社會動物，須營社會生活，既在一起生活，便應該和諧共濟，愉快多歡。絕不可彼此仇恨，以水火毒藥相對待；這便是「和」了。至於「美」則代表一切應有應赴的理想——這一崇高無上的目標，就正是我們中國人，普遍愛好一貫追求嚮往的，而也正是當前人類所最需要的。

㈢大同篇的分析與評價

前面是分別說明其歷史的地位，和其文字的含義，現在進一步作個客觀的檢討，看看它貢獻何在，尤其要看看今天還有沒有實用的價值。

若從近代的學術標準來看，顯然的會使我們感到下列各點：

第一，首先我們會看到這段文字過於簡單，全篇只有一百零七個字。那麼大的題目，只有這麼少的字數，實非近代人所能想像。

第二，再看內容可說全是些口號和希望，既無說明理據，也談不到組織條理。儘管談起來，文氣十足，而邏輯的層次卻很難看出。

第三，再進一步，就實質來分析，實在有欠週全。有許多顯然應該談的問題，都全未提起。近代諸多後起的事，那時還未觸及，可以不管；但像《書經》中所說的「協和萬邦」「萬邦咸寧」，全都一字不提。這些問題，竟都一無安排，還怎麼叫大同呢？

上面這些分析對不對呢？就分析而分析，當然對。不過要從這種觀點來批評古籍，似乎有點幾近吹毛求疵，至少是未予以同情的理解。須知一個時代有一個時代的學風和其特有的表達方式。尤其中國古代的典籍，都是言簡而意賅，辭約而旨遠。再加上中國古文的特徵，就是精鍊含蓄，字數愈少愈好。行文只要點到就好，多餘的話，留給讀者自己去體會；所謂「文章寫給解人看」是。因此才把許多口號式命題，生硬的堆聚在一起；在我們看這不像文章，在古人看這已經夠了。——這並非故為文飾，替它辯解，我們只要放眼一覽古籍，特別是秦漢以前的古籍，可說大部份都是這個樣子，絕非只此一篇。

至於未提「協和萬邦」等話，也非沒有原因。首先我們知道中國古代為學的旨趣，與希臘不同。大體上說，希臘哲人其立言，是循邏輯的路數；而中國古人之立言，則多半是感性的，道德的⑫。他們多半是就其實際感受的問題，提出自認應有的作法，而很少是平空構想，經過推理得來的結論。只看《論語》的風格便是證明。因此站在邏輯的觀點來看，便常常發生不週全，未顧到的缺失。許多就理論上講，原該有所交待的，竟爾沒有一提，因爲在實際的感受中，他們並未注意及此，此其一。再者中國過去人文風氣特盛，以致許多社會問題，古人都把它納入人際關係，看成「人」的問題來討論。就拿《禮記》中的另外兩篇，大學，中庸來說吧。這兩篇可說全是討論治國平天下的。按說應該包含無數禮樂刑政的討論，但兩篇都措置不談，而談的講的，要我們作的，卻全都是人際關係和自身的修養。以彼例此，又怎怪不把大同問題，只看成「人」的問題？凡此所說，並非曲爲文飾，說它不講「協和萬邦」是對的，而是指出其弊病的底蘊，而予以同情的了解。大抵古代的經典，都是先民經驗智慧的紀錄，而不是留待後人欣賞的文章。說句唐突前賢的話，我們唯有抱着老師給學生改作文的心情去閱讀，才能發掘和承受其智慧，而這典籍也才對我們有價值。若是一味挑剔，去找它的缺點，則書既一無可取，人也浪費了時間，可謂

⑫ 例如中庸中「率性之謂道」，從邏輯的觀點，當然是率一切的性，好壞都有，但中國古人的理解，則率性當然是率的「善」性，參考拙作《四書新講》，民國六十八年十一月十一日「近世儒學與退溪學國際會議」宣讀論文。

兩無是處。譬如基督教的《約經》⓭，我們若專搜集那些荒誕不經的記載，那還值得一讀嗎⓮？反之，我們若能善取其敬天愛人之義，他便是兩三千年來，人類的重要典籍了。

我們若抱着這種同情的態度來看，無疑的大同篇，眞是一篇蘊含至爲豐富的寶典。篇幅雖小，但就在這一百零七個字中，提示了我們無數的不朽卓見。假若誇大一點說，幾乎所有近代有關社會國家的健全主張，諸如政治平等，經濟平等，社會福利，經濟開發，社會政策，教育普及……各項原則，無不囊括在內。同時還越此之外，而把近代所忽略（至少是不重視）的許多重要問題，例如道義精神，人際和諧，以及婚姻問題的適當安排，都有鄭重的詔示。尤其可貴的是在這諸般具體主張的背後，流露著一種強烈的「人類愛」。而這一「人類愛」，正是一切社會存在之必不可缺的基礎，而爲大同的精義之所在。所有前述的各項主張措施相形之下，都是「用」、都是可以針對實際需要，而可與革更易的；而這一「人類愛」則是「體」，是不可更易的，它不僅爲那些主張所依托附麗，並且根本就是其創設和推行的原動力，我們若討論大同篇，只作文字疏

⓭ (Bible) 舊譯《聖經》欠妥，此爲教內稱謂，不可作通稱。蓋任何宗教，任何民族，皆有其聖經，若對非基督徒稱《聖經》，則究何所指，實欠含混，李定一教授於其《中國近代史》譯爲《拜樸經》，聲雖可取，意則不近，亦有譯爲基督經者，但對舊約則難涵蓋，乃將新舊約幷擧，而試譯爲《約經》，藉供賢者參考云爾。

⓮ 見陳鼓應著《耶穌新畫像》，民國五十九年七月出版，世界文物供應社總經銷。

解推蔽而不及此，那就正是買櫝還珠，本末倒置了。

(四)發揚大同精神

由上面的分析，可以知道大同篇乃是一篇極有價值的文獻，我們譽爲人類和平殿堂的寶典，實不爲過⑮。它雖文字簡短，但就在這短短一百零七個字中，卻含蘊了極豐富極有價值的主張，不僅今天許多要追求的，它早在兩千年前就提出來了，同時還有許多看法，正足以彌補今天大家所忽略的問題（說見前文，此處不再贅述），我們既不能因其文字簡短，時代古老而低估其價

⑮ 聯合國成立之始，中國以發起人身份提供禮運大同篇，刻石刋於聯合國壁間，一九七四年中共進入聯合國，將此刻石拆除。大同學會當由理事長于斌署名向聯合國抗議，並由于氏將抗議書親擕紐約遞交。抗議書由大同學會秘書長張起鈞撰文並書寫。全文如次：

「世界大同天下一家，是人類發展的最高理想；而孔子禮運大同篇就正是人類這一理想形諸文字的典章。這一典章能在兩千多年前出現，不僅是我們中國人的光榮，同時也是人類進化的崇高表現，我們今天四海同風萬邦共處，應該如何珍視這一指導人海航行的南針，尤其是聯合國的旨趣正在促進人類的大同，更應該把這文獻刋諸殿堂，奉爲精神依據的寶典。今竟受中共威脅將這一碑文拆除，這不僅把萬國共仰的聯合國，變成了中共批孔的場所；並且根本就等於解除了聯合國精神武裝，背棄了聯合國組成的基本原則。這樣下去，聯合國還有什麼存在的意義？這實在不是一件行政處理的小錯。因此我們謹站在文化道德的立場，站在人類尊嚴的立場，提出嚴重的抗議。」

值，也不可把它當作國文讀，推敲其字句，考證其史料故實；那是玩古董，而不是吸取其教訓。反之，我們要以學術的立場來發揮其所提出的主張，使這美善的理想，實現在今天。那也就是說，我們要認眞的推行：天下爲公，選賢與能……等等主張，而不是只作文字的研究。

不僅文中講出來的要發揮實現，而文辭背後所含蘊的精神，尤其要深切遵循，充分發揮。大同篇中所以要天下爲公……男有分，女有歸，貨惡其棄於地，不必藏於己……一言以蔽之，就是要追求一個合理的社會了，而其要講信修睦、不獨親其親，不獨子其子，以及所以要講求合理，則是要表現人的善性，實現一個道德的社會了。譬如法律、大同篇的文辭，好比是法律的條文；而這「合理」的追求、「道德」的追求、則是立法精神；只有這股精神才是全部條文的靈魂。若是一味株守條文規定，卻忽略了原有的精神，豈非買櫝還珠，本末倒置？何況就事理來論，「精神」的性質是超絕的，乃是完善的，而一切文辭規定則是相對的，很可能人謀不臧，有欠妥善；尤其實際的條文規定，都是針對特定環境而立的，不論當時多麼週詳完美，一旦時移勢易，便必定會有過時不妥之處。若忘了這股精神，試問我們還憑藉什麼來訂正調整？因此我們不僅要着重這背後的精神，去實踐其詔示，而更貴乎能進一步的直接發揚這背後的精神，那也就是說要爲「合理」，「道德」而奮鬪了。尤其大同篇所流露的那種浩然的「人類愛」更是我們要強調發揚的，只要這樣才是眞正去實現大同篇的寶訓。

寫到這裏使我們不禁想到中國近代史的一段往事，當年　中山先生最初標榜的口號不過是「

驅除韃虜，恢復中華，建立民國，平均地權」十六個字而已，然而幾經演變，卒成體系宏偉的三民主義。我們正要本着這種精神來發揮大同篇的寶訓，以實現人類的大同理想，建立地上的天堂。

三、大同思想在今天

㈠大同的時代性

我們此處說：大同的時代性，勿寧是說：「推行大同」的時代性。

我們今天要推行大同之道，並不是把歷史上的陳跡、老話，原封不動的搬出來。更不是捧着「禮運大同篇」那段文字當「標準答案」。我們所以推崇這篇文章，乃是因其遠在兩千年前就具體的提出這種寶貴的創見，實是人類理性的光輝表現。但高明不見得成熟，創新不一定就能實用，這就如元朝時我們便已發明火箭，但這火箭並不能用來登陸月球。同樣的我們今天也不能抱着「禮運大同篇」的話來解決今日的問題。尤其要知道，那段話的內容，不過是對理想社會的描述，而其本質乃在人與人間的關係。而今天我們所面臨的大同社會，其癥結是在民族與民族間的關係，國與國間的關係。我們今天需要的重點並不在一種理想的嚮往，而是要解決實際的問題，甚至是要挽救人類面臨的毀滅危機；這絕不是「食古不化」，「抱殘守缺」所能濟事。我們今天所要走的途徑，乃是針對着當前的情勢和問題，提出一套實現大同之道的辦法。說句時髦話，就是要使我們列祖列宗一脈相傳的大同之道現代化。這並非是我們牽強附會，故弄玄虛，須知宇宙間有其恒常不變的眞理，但客觀的環境則是永遠變動，演化不息的，所謂「無動而不變，無時而不移」（《莊子》秋水篇）者是。唯有將推行的方式，隨着時代變化而調適，然後這恒常不變的眞理，才能萬古常新，盡其大用。否則時移世易，便僵化而被淘汰了，還何能行之於世。例如「德謨克拉西」（Democracy）原是古希臘人所行的一種良法，我們今天絕無法墨守成規，在廣土衆民的國家中，盡聚國人於一堂而議事，但是我們卻可本其精神，發明一套代議制的辦法而行之於今日。同樣的我們推行大同之道，也正如此。

(二)今天的時代

任何人都知道，今天的時代與大同篇的情形大大不同⑯。今天人們不僅進入了所謂太空時代，甚至還突破了地球的樊籬，而登陸到另外的星球。這與那方進入農業社會的素樸時代，不論就其景觀，還是性質與意義都有着極深遠的差異。這些差異是什麼，我們無法一一縷述，也沒有

⑯ 禮運大同篇是否眞爲孔子之言，何時成書，歷來聚訟紛紜，說法甚多，但這只是考據的問題，就思想的立場言，這一切都不影響其客觀的價值，反正總是漢朝以前中國人的思想，因此我們就信其爲孔子之言，門弟所記，而認爲是春秋戰國時的東西吧！

縷述的必要。因此祇就其與大同事業有關的演變加以說明；特別要辨清這些演變，帶來的影響是好是壞，究竟是有助於大同的發展，還是滋生了問題和困擾。唯其抓住了這些差異性能之所在，然後才能對症下藥，擬定我們的推進方針，決定我們工作的重點。——在這一原則下，我們分下列幾項敍述：

1.可喜的成就

儘管我們無法知道，歷史的進展，究竟是必然還是偶然，但從長程來看，卻顯然的是向着大同而邁進。首先就地理的情形說明，從前不論那個民族，他們所說的天下，實際都不是眞正的全部天下。中國的四海之內，禹甸九州，固只是東亞一隅；亞歷山大征遍了的海角天涯，也只是地球的一部份。但自哥倫布發現新大陸，繼以十九世紀歐人的探險到今天，全球任何部份都被發現，任何角落都已聲氣相通。若想找一個與世隔絕，孤立的桃源，已不再有。因此今天可說是全世界眞已打成一片了。這就大同事業的觀點來看，已是建立了大同世界的地理基礎，這能不說是件可喜的成就嗎？

尤其令人與奮的，是在這一大同場地上，彼此的往返愈來愈頻繁，聯繫愈來愈密切。可說是眞個在向着大同的途徑邁進。這固然要歸功於近代交通的發達進步，而實質上尤有賴於工商實業的促成。在禮運大同篇的時代，國際間的往返，大體上只是國與國間的政治接觸而已。即令婚姻交往等，實際也都是政治關係的一種輔佐行爲。關係既是只限於政治，試問還有多少活動呢？今天的情形不然了，由於交通與實業的發達（這當然是科技發達的後果），全世界發生了密切的經濟關係。不僅影響到國家羣體，並且一直滲透到個人的實際生活和行動。因此其關係勢必綜錯複雜，密結一起；不像政治關係之存廢淡旺，全可憑當政者主觀政策可以決定。尤其這種關係，發展到某一種程度時，便是超國界的。往往兩國並無邦交，文化經濟照樣交流發展，兩國斷交，關係也不一定就會斬斷⑰。其關係之密切，遠非前人所能想像，這種密切的關係，我們可分下列幾點說明：

(1)經濟聲氣相通

古人說「銅山東崩，洛鐘西應」，這不過是文字中的誇飾之辭，事實上，大家都可關着門過自己的日子，至少國與國間是如此。因此你在大旱，他在大澇，而我依然可以獨慶豐年。但今天的情形不同了，全世界的經濟實務，已嚴密的聯結在一起，形成了牽一髮動全身的狀態了。紐約金價一漲一跌，兩個鐘頭後，反映到全世界的各個角落，最明顯的例子，莫過中東石油之戰了。一九七三年十月一聲石油漲價，全世界馬上發生恐慌，號稱汽車國家的美國，紛紛排隊購油。自詡經濟大國的日本，立刻變成狼狽不堪的侏儒。甚至旅遊來臺的主婦，連衛生紙都搶購。而臺灣

---

⑰ 中華民國的現況，便是一個良好的說明，目前許多國家都承認中共而與中華民國斷交，但與中華民國的商業的往返，都還比對中共多，尤其民國六十七年，美國與中華民國斷交後，貿易反大增加，投資反倒更多更盛，而民間的往返更不知要比中共大多少倍，這就是最好的明證。

的包子、油條這些與石油漫無關聯的東西，也馬上由一元，漲價到兩元。影響，自古就有，但像這樣的普遍，這樣的迅速，實非前人所能夢及。

⑵產物互相依賴

今天可以說，沒有一個國家能夠閉關自守，自給自足。縱令物產豐富，得天獨厚的美國，還要仰賴中東的石油呢？或者說許多國家，從前都沒有聽說不能自給自足，就以中國說吧，不是幾千年來，都雄踞東亞，沒有仰賴過別人，怎麼現在又不能自給自足了呢？——不錯，從前除了極少數情形特殊的小國外，很少聽說不能自給自足的。就是那些食肉衣革逐水草而居的游牧部落，儘管生活方式簡單，更談不上什麼物質生產，但也無不都能自給自足。何以今天竟爾全世界的國家，都變得不能自給自足了呢？此無他，都是科技發達，經濟繁榮之所致。原來古昔生活方式簡單，你吃稻粱，我食酪漿，你衣絲綢，我穿皮氈，各自因地制宜，因陋就簡。各安其所有，而不慕其外；那自然都能自給自足。但近代由於科技發達，帶來經濟的高度發展，形成多采多姿的生活，於是便沒有任何一個國家的物資生產，能滿足其全部需要了。而要想實現這多采多姿的生活，勢必總會有些物資要仰賴別的國家。退一步講，生活可以自我約束，不必仿效他人，但國防卻不可自我陶醉，不管國際的水準。尤其這水準不斷提高，新武器不斷出現，演來變去總有些東西不是本國能有的。例如稀有金屬錳、鎢、鈾……等，自己國家不能樣樣都有吧！因此便勢必求之於他邦。再者由於近代工商業的發達，爲了講求成本及效益，很自然的形成了一種國際分工的情勢。在這種情勢下自己專攻的部門，當然精美富足；至於短拙的部份，也勢必要仰求於他人。——由上所述，可知今天國際間已構成一個相生相成長短互輔的局面。由全體看，已是一個交織綜錯繁榮發達的整體，但由局部看，則無不仰賴別的地區，而無人再能自給自足。

⑶技術必須合作

由於大家交往頻繁，關係密切，便帶來了許多公利公害的問題。不管在政治上的立場是敵是友，但在技術上卻必須通力合作一致辦理。害的方面，例如國際防疫、防颱、禁毒、緝私……等是，利的方面，如通航、通郵、電報、電話、氣象……等是。這些超國界的事務，必須互相合作才能解決，甚至還需要講求技術協調，標準一致——此外例如學術研究技藝競賽(如運動會等)，也必須要大家一致合作。

凡此各端無不是實質上在向着世界大同而邁進。

2.伴隨的困擾

俗話說：「利之所在，弊亦生焉。」天下事原是禍福互倚，奇正並存的。上述各事原都是邁向大同的可喜成就；但就在這些成就的發展中，卻帶來許多前所未有的困擾與問題。尤其這些成就往往都是由於科技發達而超速形成的；時間的進度，固然是加快了，而早熟的流弊卻在難免，因此就更使情況紛歧了。這些困擾就其性質言，可大別為二：

①問題的複雜化——由於大家密切相接，乃使得彼此間的關係綜錯複雜，嚴緊的糾結在一

起。經濟問題固是聲氣相通，一如前文所述；其他各項問題又何不然?在這種情勢下，任何一國都不能閉關獨處，鎖國自守。在從前除了敵兵壓境，威勢凌逼外，自己國內的事，愛怎麼處理，就怎麼處理。今天就勢必要考慮到來自國外的影響；否則就難以行通，儘管別人並未出面干涉。我們可以說：今天若無國際頭腦，世界眼光，不能處理好任何事情，甚至是處罰自己國內的罪犯。

②彼此的不適應——由於背景和環境不同，各民族各國家都有其各自不同的生活方式，和不同的典章制度。在從前分散各處，互無接觸，你走你的陽關道，我過我的獨木橋，眞是河水不犯井水，誰也礙不着誰。可是現在世界打成一片，把這些殊風異俗的人和事帶在一起，不同的宗敎信仰，不同的學術思想，不同的禮俗習尚，不同的經濟制度，不同的宮室器皿……，不一而足。不僅都面對面的看到眼裏，並且還要實際的浸攪在一起。影響所及，好的方面自是形成多采多姿的進步文明，而使大家開廓胸襟眼界。一切都能有更美好的選擇與改進。但在另外一方面，則又發生許多遠爲嚴重的後果，先就人性講，一般人無不「自貴而相賤」⑱，看着異己的事務，便會感到不習慣，看着不順眼。何況這些紛歧互異的事務，驟然碰在一起，必然的會扞格互礙，以至摩擦和衝突。這時再有政客們從而煽動操縱，便造成許多莫須有的仇恨，驅使人們走向戰爭敵對的方向，今天世局的動盪不安，這實是一個主要的原因。

---

⑱見《莊子》秋水篇云：「以物觀之，自貴而相賤。」

3. 新興的性狀

兩千年來的世變，已使社會形態發生了重大的變化，許多事物，表面上還是舊名舊樣，骨子裏卻早分量不同，意義大變；若仍照舊例處理，勢必扞格不通，達不到預期的效果。尤其還有許多新興新起的事務，都是前所未聞未見的，而這些事，卻在當前社會中，扮演重要的角色。……凡此各端，若不辨清弄明，便無法對症下藥，採取適當的，正確的推行工作。這些新興的性狀爲數極多，而其最重要的則有下列三事。

(1)技術

一切「非自然」的圖謀營造，都有賴於技術，這是自古皆然的事。但由於社會的進化，技術愈來愈高深複雜，適用的範圍也愈來愈擴大。尤其近代科技突飛猛進，「技術」竟成了民富國強的決定因素。誰掌握了技術，誰就可以君臨天下，予取予求。而「人」的因素，反倒退居次要。甚至「人」有沒有價值，也都要看他會何等技術來衡量。這種情形，在戰爭方面反映得最明顯。從前只要兵多將勇便可殺敵掠地，獲得勝利。今天便是成吉斯汗的騎兵來了，也擋不起一陣機槍掃射。只憑血氣之勇的蠻人入寇，恐怕已是歷史的陳跡了。

(2)經　濟

「民以食爲天」，經濟之重要，自古就是公認的事。但古時經濟是以「養民」爲主；而降及近代，由於工商業的發達，經濟與人民間的關係，已經主客異勢；民生的主流，竟是在追逐經濟，甚且為經濟所操縱。根據經濟學的原理，是人們先有「需要」，然後業者，才從事「供給」而獲利潤。現在的情形不同了，許多傑出的工商業者，平空製造出多少人們作夢都沒想到的東西（那也就是本來毫無需要），再教你如何使用，誘惑你非用不可，然後把錢從你口袋掏了去。而人們就在這不斷的追逐、誘惑、操縱下，把整個人生陶醉的投入這經濟大流。今天國家的為政，也就以維繫這套經濟活動，為其首要任務；絕不再是「致君堯舜上，下使風俗淳」的老套。更沒有人敢發寧去「食」（經濟）而存「信」（道義）的「怪」（？）論。（「自古皆有死，民無信不立」——《論語》顏淵篇）何況，國家、政府也在被操縱之列？

⑶國　家

國家的名稱，雖依然如舊，而內涵則大大不同。在大同篇時代，國家的組織鬆懈，道德的意味，超過權力的意味；同時在國之上，還有共同擁戴的周天子。今天的國家，便不同了。由於近代組織的嚴密，實力的強大，加上受了什麼主權學說，國家主義的影響，國家已成了鉅大無朋的權力集團，國的上面不再有任何約束的機構。雖有聯合國之設，那不過是一座心戰的劇場而已。只要力所能及，利之所在，它愛幹什麼就可以幹什麼，尤其對人民的關係更是具有與從前迥然不同的意味。

從前國家對人民的約束很少，除了不許造反外，可說是愛幹什麼幹什麼，在整個政治現象中，人民所佔的比重，可說是相當高，只要人與人間安和樂利，問題便算解決了；而民心的向背，更是政權存亡的決定因素。因此古代便很自然的將問題、事象，歸繫於人，而把人當作呼籲的對象，禮運大同篇的行文便是證明。它認爲只要大家都能如此的作，便實現了大同的世界。但今天的情形不同了，大家雖是高呼民主，大倡人權，實際上人民對國家的比重卻遠遜於前。今天若要推行大同，我們不能想像再如大同篇那樣向人民呼籲，認爲人民照作，便能實現。因爲今天的問題中心已不在人民，舉世擾攘不安，無不是來自國與國間的明爭暗鬪。縱令人民千百倍的愛好和平，也難左右國家的政策，更難促使政府止鬪息爭，趨嚮大同。甚至就連這點爲大同而努力的奮鬪，也必須在國家的倡導或默許下，才能進行。試問你能在共產政權下推行，選賢與能，講信修睦麼。他們講的是仇恨，要求的是鬪爭，那容你去講「信」修「睦」。因此今天不論是肆行侵略去破壞和平，還是造福人羣創造大同世界，其重點全在國家，而人民的努力和呼籲早已不是問題的關鍵了。儘管政府由人民而產生，國家由人民而組成。

4. 面臨着毀滅的危機

一切現象之外，還有件令人不能忽視的緊急問題，那便是人類已經面臨着毀滅的危機。

人類自始就有屠殺破壞的行動，但其範圍和效果，終屬有限。拿戰爭來說，殺戮的只在戰場，戰場外十數里的人民，仍能照常生活下去，只不過感到精神威脅而已。至於殺傷的人數，最誇大的說法，也不過是「黃巢造反，殺人八百萬」，何況第一，這只是傳說，而非正式記載，第二，這一數字乃是十年造反[19]，殺人的累積數。今天的情形就大不同了，一顆原子彈的降落，整個廣島爲之毀滅，這還是初期的產品，威力不算大。若是今天美蘇各大強國的氫彈、原子彈等一齊出籠，不僅人類足以全部毀滅，甚至地球也會炸掉半個。僅僅是武器的殺傷摧毀還不足奇，尤其爲前所未有的，就是科技的誤用。環境的汚染……在在都帶來嚴重的災禍，足以毀滅人類而有餘[20]。事實俱在，絕非危言聳聽。多少高瞻遠矚之士，多少大思想家不斷對此事殷憂，就在此文快定稿時，天主教的教宗若望保羅二世，就沉痛向世人提出警告。他在巴黎面向聯合國教科文組織發表講演說：「在這個時代，有誰敢說緊張的情形惡化，不會導致任意使用核子武器的一場大戰？……我們必須認淸人類和世界的未來，已經遭受嚴重的威脅。科學硏究的結果，如果被用來對付人的福祉，就會有這種情況（按：指嚴重威脅），而現在遺傳控制，生物試驗，以及化、生、放、作戰的硏究等，均可見出這種企圖。」[21]

---

[19] 按：黃巢造反，起自唐僖宗乾符二年（公元八七五）而於僖宗中和四年（公元八八四）授首伏誅，前後共十年。

[20] 人類以前也不是沒有空氣汚染，河川汚染……等類的問題，但那時的損壞威力旣小，而跟進的節奏又慢。宇宙間有一種天然調和的作用（包括人與動物的適應能力在內），而把這種損害消化或調和。但今天的威力旣大，節奏又速，超過了宇宙調和的能力，因此就愈來愈形成危機了。

[21] 一九八〇年六月二日合衆國際社巴黎電，見民國六十九年六月三日《中央日報》。

「固然到目前爲止，核子武器均視爲阻止大戰的勸阻力量，這種說法或許不錯，但有時不免令人懷疑，情況是否會永遠如此不變」㉒，手槍不是也有走火，機器也有失靈的時候嗎？我們對此不知警惕，而仍互相打鬪，甘心玩火，則唯有同歸於盡而後已，要想挽狂瀾於未倒，撲滅這一毀滅的危機，消除這一殺人的巨靈，便只有攜手合作，共建大同。

㈢當前工作的重點

由前節的敍述，可知今天的情況與大同篇的時代大大不同，這些新起的事象，雖與大同的精神旨趣，無所損益，但對大同的推行，都有極重要的影響，使我們不能忽視。就好比衣服，穿衣雖同，但冬裘夏葛，卻要因情而異，實踐大同，其理亦然。今天科技的高度發達，一方面固然給人們帶來無盡的享受與福利，並把世界聯結在一起，而大有助於大同的推進；但在另一方面，道高一尺，魔高一丈，其殺傷衝擊的威力，卻也給人類帶來了毀滅的危機。一個不小心，就眞會同歸於盡，萬刼不復，還談什麼大同？我們唯有針對着這些情況，而制定推行的方案，然後才能切

㉒引文同前，又據華盛頓六日路透電（見民國六十九年六月八日《中國時報》）：「美國官員今天說，他們對電腦在七個月內兩度誤認爲蘇俄飛彈襲擊北美一事，表示關心……國防部發言人羅斯說：電腦在數月內，兩度發出錯誤警報，使得我們關切……羅斯對記者說：美國幾乎要對蘇俄發射飛彈，並出動戰爭機」……可見因差誤而失去控制，並非不可能，陰錯陽差的打起來的史不盡書。

實可行達到目的，下列各事，便是我們今天要注意的重點：

1. 樹立祥和氣氛

一個時代有一個時代的特徵，在這同一時代中，大家都會普遍的具有共同相通之處，表現在思想觀念方面的，我們稱之爲思潮；而表現在行爲作法方面，我們則稱之爲風氣。思潮風氣如何形成，自是見仁見智，各有不同說法。但一經形成，卻全都對當世之人發生絕大的作用。小焉者使人習於採行採用，而不自知，大焉者硬是明明白白，堂堂正正的爲這一時代特徵而奮鬬。影響所及，勢必驅使着大家有意無意的都順着這種風氣走下去。因此凡是經綸天下的大政治家，無不首先注視這思潮風氣問題，並且必要時，還無不先從轉移風氣作起。例如羅斯福總統，要想參戰，就先從發表防止瘟疫講演作起，而蔣委員長準備抗戰，就先倡導新生活運動，便都是轉移風氣的具體例證。風氣若不扭轉，則一切努力，豈止是徒勞無功而已，甚且會遭受訕笑與敵視。

從這個觀點來看，我們要想推行大同，最好能有一個與大同事業相配合的風氣。但環顧事實，今天的世風，不但不能與大同相配合，並且還可說是背道而馳，大同事業的主要精神，就是一種「人類愛」，而今天瀰漫世界的卻是仇恨。仇恨自古卽有，本不足奇。但那多半是由於歷史不幸因素的積累，或是情緒的偶然衝動，卽令是當事人也都引爲遺憾。但今天卻有人引經據典的倡導仇恨鬬爭，不僅理論鼓吹，並且見之行動，到處製造暴亂，從事顚覆。不僅標榜世界革命的國家如此，而那身爲自由世界盟主的國家，還不是大同小異，相差有限？尤其妙的，共產國家，都是對付敵人，而這自由盟主卻是專把刀鋒指向友人。試看美國背棄友人，顚覆盟邦的例證，還少了嗎？大國盟主尚且如此，等而下之，許多國際暴徒，更是殺人越貨，綁架刼機不一而足，全然都是黑社會的流氓行徑。我們眞不知人們何以竟墮落至此種地步。古時縱令彼此處於敵對狀態，尙有「兩國交兵，不斬來使」的說法，而近年來許多大使館，外交官竟成了暴徒攻擊刼持的對象。甚至還有伊朗拘禁全部美國外交官，當作人質的奇突怪事。在二十世紀的今天，竟有這些層出不窮的野蠻表現，眞是人類文明之羞。尤其異想天開的中東產油國家，竟然想出「妙策」，用石油作武器，來打擊別人，結果攪翻了全局，把本來安定的繁榮的世界經濟，弄得人人叫苦狼狽不堪。這眞是損人不利己到了極點，全然違反經濟學的常理。說句苦笑的話，大概這就正是反映這一時代的作法吧。假若不是舉世都瀰漫着鬪爭仇恨的暴戾氣氛，那又怎會想起使用這種毒害天下的怪招？若不把這股邪氣歪風扭轉，化暴戾爲祥和，豈僅大同無法實現，世界將會成爲一個人吃人的社會。若套句霍布斯（T. Hobbes）「人狼」（Man-wolf）的話，這世界將會爲一個「國狼」（State-wolf）的社會了，後果如何，還用問嗎？

如何來化暴戾爲祥和？轉移風氣，雖始自一二人，而要蔚成風氣，卻要靠大家共同的努力。大家果眞能體驗出利害得失，把祥和作爲努力的目標，則廻心向道，也只是一念間事。而要能促使大家滌除積習，發心向善，當然有待於大政治家、大教育家、大思想家、大宗教家的卓越領導。玆事體大，絕不是可以預擬一個工程計劃，照圖興建的事情。

在這諸般努力中，我們特別要提出一點，就是呼籲世人弘揚孔子的「恕」道。「恕」在從前是說「己所不欲，勿施於人」㉓，今天我們從積極的觀點講，便是：「承認別人的存在，尊重別人的存在」㉔，唯有大家彼此承認，彼此尊重別人的存在，然後才能去爭殺談合作，化暴戾爲祥和，同時也才能坐下來，心平氣和的談問題，謀求解決的途徑，而逐步邁向大同，這一問題，後文還要詳細的說明。

2. 確保國際和平

化暴立祥，倡行恕道，自是正本清源之圖；但防止戰爭，確保和平，則是更具體更現實的問題；自須雙管齊下，以收相生互濟之效。

和平無人不愛，但是自古以來大小戰爭，卻沒有斷過。我們今天呼籲彌兵止戰，究竟能有多大效果，誰也不敢說；但收穫歸收穫，耕耘歸耕耘，我們不因人終歸會死，而不研究醫學。我們縱不能使人長生不老，但至少也可使人健康長壽。同樣我們防止戰爭，確保和平的努力也如此。縱令不能絕對遏止戰爭，但也會因我們的努力，而減少戰爭的爆發，縮低戰爭的殘暴。

究竟如何彌兵止戰，這是一個實際的問題，尤其要牽涉到許多國際政治的微妙關係，非憑我們紙上談兵所能規劃。但就常理言，我們特別呼籲要對下列三件事，設法控制或協調。

㉓ 見《論語》衞靈公篇。

㉔ 見拙著《文化與哲學》（新天地書局出版）一六頁。

(1)武　器

自遠古以來，就一直有戰爭，從無人擔心什麼毀滅，而今天人類卻面臨着毀滅的問題，其癥結實在武器。不僅已亮相的核子武器，大家已知道它的厲害，而未出籠的武器，諸如雷射、細菌、死光……等，尚不計其數。並且愈來愈兇狠，愈來愈具有毀滅性。假如這樣發展下去，那還得了嗎？因此儘管人民無力阻止這種瘋狂競賽（民主時代的絕大諷刺），我們仍然要大聲疾呼，多方呼籲和促成國際軍備的息爭，並且希望眞能設立一個有效的國際組織，監督和控制這些兇險武器。

(2)科　技

武器所以發展到這種兇險程度，推本溯源，實來自科技的高度發達。科學本是追求眞理的，技藝本是爲了解決各種技術問題，以使人們獲致幸福的，不料卻走火入魔，拿這厚生善羣的本領，去作人類自殺自毀的工具，不僅有意製造殺人兇器使人們受不了，就是科技的誤用，甚至是操作的流弊，都能造成人類毀滅的危機。例如核子試爆的放射塵，工廠製造所生的汚染，化學劑使用而帶來的土壤變質，蟲鳥魚蝦的無法生存，生態環境的嚴重失調……以及特殊藥品的發明使用，而引起更多的新病怪病㉕……等等不一而足，數之不盡，這樣發展下去還得了嗎？今天科學

㉕作者在美國聖路易華盛頓大學執教時，醫學院教授們道及近年來醫學界發明了很多的特殊藥，同時卻發現了更多的前所未有的怪病。他們惶惑，不知這些新病是否係由發明的特殊藥所引起。我說我對醫學一無所知，但根據老子的自然主義來看，縱然不敢說一定是由其引起，也要斷然的肯定二者之間，必有不尋常的關聯。因爲這些強力藥品的使用，突破了醫藥現存狀況的自然和諧。

的研究，尤其是在技藝方面，已到了巧奪天工，隨心所欲的地步，簡直可以說是想作什麼，就能作什麼，只看美國依照預計造出原子彈，依照計劃登月球就是證明。假如人們不顧道德，不講人道，而大量投下財力人力去創造危害人類的東西，其後果將不堪想像。有能力而無道德，有辦法而無人性，那將是魔鬼。而在羣魔亂舞之下，這世界勢必會變成一個魔鬼的世界，然後一齊同歸於盡。因此我們除了配合自然科學的進步，要大力發展人文學術，熱心的倡導道德宗教以外；我們還要大聲疾呼：確保科技用於和平用途，而作有益人生的貢獻。

⑶經　濟

經濟的利益，本是人我相通，不分你疆我界的，所以才有「政治使人分，經濟使人合」的成語。說句靠題話，這實是推行大同的最好途徑，但不幸在人們的操縱下，經濟也一樣可以成爲吃人的手段。在同一國家內，人們可用「強凌弱，富欺貧」的辦法，造成昔人所說的剝削現象。而在國際間，如所謂帝國主義者是，勢均力敵的，勢力懸殊的，則肆行壓迫榨取，更可勾心鬪角，把經濟當作威脅打擊別人的工具，甚至可當作戰爭的一部份。例如運用經濟封鎖，使敵人不戰而屈是。近些年更有推陳出新的妙用，發明新型的經濟戰，一九七三年十月中東的石油戰，就是典型的例子……凡此都是經濟的誤用，不僅危害人民，並且也違反經濟本身的原則，這一危害，雖不如前述二項之鉅，但我們也不容其發展下去，我們也一樣要呼籲人們正用經濟力量，造福人生，尤其要利用經濟之無國界，而促進世界大同。

3. 以國家爲對象

正如前文所述，今天的時代是國重人輕。所以進行大同工作，勢必要把重點放在國家；而不能如大同篇時代，一切訴之於人民。今天不僅和戰禍福，大權操之於國家，就是要爲人民謀福利，也要靠國家的推行或贊助。甚至人民自發的倡導道德，敦厚風氣，也有賴國家的准許。例如前文所述：在一個共產政權下，你能講信修睦嗎？他們要講仇恨、講鬪爭，你怎可違反國策？道義問題尙且如此，其他就更不用說了。因此今天不論是要積極爲人民造福，還是消極的彌戰止爭，確保和平，其重點全在國家，而人民的努力與呼籲，早已不是問題的關鍵了。其理甚明，勿待多贅。

4. 講求社會功能

我們只要稍一揣摩，就可體會到：大同篇的一切呼籲，一切主張，其動機全是出於道德。「講信修睦」固是明白的爲了道德，而其所以要「不獨親其親，不獨子其子……」，還不是出於道德的原因？甚至其經濟方面的主張，也不是爲了經濟的理由，而是「惡其棄於地……惡其不出於身」，這不全是道德倫理的原因嗎？這自然是最高尙最有意義的了。但是由於文明的發展，人際關係愈來愈複雜，社會上發生許多「非道德」的事象。譬如走路靠右邊走，八點鐘上班，這有什麼道德不道德？這一類的事，愈來愈多；遂使那些「非善卽惡」，「不爲聖賢，便爲禽獸」的敏銳感覺，逐漸爲之沖淡。同時在另一方面卻有許多社會上的行止擧措，人際間的權益關係都能嚴重的影響人們的命運。因此人們的生活，勢必要有客觀確定的保障，而非仰賴好心人士的道德施與。在這種情形下，我們推行大同，除非是空唱高調，圖個嘴巴快活，若要切實認眞推行時，那就一定要着眼於客觀的社會功能。只有這樣，才能眞給人們帶來幸福，而形成邁向大同的階梯。

5. 須有全盤計劃

前文曾指出今天世界各部都已密切相關，而到了牽一髮動全身的局面。針對着這種情勢，毫無疑問，一切大同事業的設施計劃，必須顧及到世局的全面。否則必定是顧此失彼，阻撓橫生；甚至是求全反毁，造成意想不到的不利後果。

怎麼樣去考慮全局，作全盤計劃，事涉實際問題，無法虛擬。但下面幾點，則可說是全盤計劃之必遵的原則。

(1)全　體

一切計劃設施，要以全世界的人民爲對象，要爲全人類謀福利。我們也知道眞正涉及全體的事並不太多，絕大多數的事情，都是局部的。但儘管措施是局部的，出發的精神，則須是全體的；絕不容許有種族歧見，優越妄感的存在。我們承認世上有聖賢不肖，才智凡愚之不同，彼此的處境也大有差異。可是大家的人格，卻全是平等的；不僅都有平等的生存權利，並且還應該都有平等的發展權利（如受教育……等是）。在大同事業下，不一定每件事都能爲全體人類帶來福利，但是卻絕不可侵犯他人的生存平等，發展平等。那也就是說：至少在消極方面也要顧到全體的存在。

⑵全面

「全體」是就目標言，而這「全面」則是就技術方面講。那就是說大同事業，必須考慮其在全球各地的後果，及其在各個地區推行的可能性；不可頭痛醫頭，腳痛醫腳，更不可以鄰爲壑，幫助一個地區，而傷害另一地區。反之我們最好能善爲設計，使各地區的情形能相生相成，互相配合，一如交響樂之和諧共成。經濟學中有所謂「計劃經濟」，這是指國家說的，現在我們要把它升格，作到世界性的計劃，並且還不止經濟一樣，而是全面的計劃。我們無以名之，姑叫作「全球性的計劃建設」，「全球性的計劃發展」吧！

⑶全局

一切事都要從全局的觀點來看，想統籌大局的人士，固是理當如此，就是從事局部事業的，也一樣要從大局着眼。具體說他要看一看自己的決定，會給別人帶來什麼影響，和受到別人的什麼影響。儘管你毫不熱心大同事業，但爲了確保自身的安全福利，迫使你不能不從全局着眼。譬如一個投機的商人，看到國內棉花歉收，便搜刮囤積，高價待沽。在從前閉關時代，他穩可發財，而在這全球打成一片的今天，卻不敢保了。你國內歉收，世界的市場可能正慶豐收，等到國外廉價棉花一下湧到，那你愈囤的多，就愈賠的多，眞應老子的話「多藏必厚亡」了。反之，你要看一看全局的景象，再作決定，還能吃這個虧嗎？因此今天不論是要「仁者安仁」，還是「智者利仁」，一切都必着眼全局不可。

(4)全　向

「全向」一詞是說取向於全，換言之，就是一切發展的總方向是邁向大同，因此我們特別提出，以供從事此道的人士，作畫龍點睛性的參考，其旨甚明，不必多贅了。

6. **結語——爲萬世開太平**

上面從1.到5.五點，並不代表大同事業的全部內容，那只是針對當前世局（以別於大同篇的時代），特別須要注意的事項而已。再就其性質言，1.、2.兩點乃是消極的防禍；3.、4.、5.三點，則是大同事業的作法。譬如開會，這些都是程序問題，而非議題議案的本身。大同事業積極要作的是要爲全人類謀幸福、在人世建天堂；換句話說：也就是要把那崇高的「人類愛」普遍的實現在人間。

那麼什麼是幸福？何不具體列出以作努力的目標？——幸福是「主」「客」相融的，尤其人與動物不同，不能像抓把嫩草給羊，就是羊的幸福。人的幸福雖有其基本依據的條件，但逾此而往，則全要因情因境而立；並且還要不斷的日新又新，進步不已，絕非機械的制定，便可永遵不渝。類此情形並不止此事，例如「中庸」叫我們博學之、審問之、愼思之、明辨之、篤行之，這個「之」是什麼？卻留待我們自己來塡充。同樣的，我們此處也只能概括的提出一些原則，而不能呆板的開列幸福的內容。

我們提到國事，常說百年大計；現在事關人類全體的福利，就更該如此。我們絕不可目光如豆只看到一些個別的小利，更不可舉一廢百，爲了眼前的近利，而妨礙了未來的遠圖。反之，我們要能高瞻遠矚，大處落脈，要爲人類的幸福，立規模、定制度，使人類能普遍的享有、使人類能遵循一定的常軌和諧的享有。尤貴乎能樹立一個良好基礎，幸福一旦推上去之後，不僅不再消失退轉㉖，並且賦有生機，能夠不斷的增長，不斷的昇高，達到了古語所說的：「爲萬世開太平」。

四、大同的推行

如所週知，儒家是講實踐的，絕不是空作一套華而不實的理論說辭，講大同當然更不例外。大同不僅是一個崇高有價值的理想，並爲解決今日人類問題的不二途徑。我們不論是爲了實現理想，還是爲了解決面臨的實際問題，都必須竭誠推行大同。因此下面我們便針對着當前局面，提出一些具體的推行辦法。

㉖ 民國初年安徽教育困頓，每年預算只十餘萬元而已，民國九年張繼煦（字春霆，後任武昌師範大學校長）任教育廳長時，力爭預算，乃從每年十餘萬，而提高至九十餘萬，其後張氏雖去職，而安徽之教育經費縱有升落，亦均盤旋在九十萬左右，而非十餘萬之困境矣，此即提高標準之例也，事見張繼煦著《張文襄公治鄂記》（開明書局出版）之「後記」。

㈠把握學術思想路線

推行大同的中心方針，是在把握着學術思想的路線，爲何如此？理由有三：

第一、大同事業的本質，就是一個學術思想的問題（原因詳後）。順理成章要從此處着手。

第二、一切奔走呼號，經營擘劃的事項，乃是因情因境而生的，既不能事先預擬，又非我們所能掌握左右，因此只好「存而不論」而集中力量於學術思想方面。

第三、就連這些無法論列的奔走呼號和經營擘劃，也同樣是來自學術思想的。先就經營擘劃講，大同是一個高度綜合的事體，絕非只憑經驗直覺所能處理。一切計劃一切安排推展，必有其學術的憑藉，而一切邁向大同的取向，更非不學無術所能爲力——這是講經營擘劃。至於人們所以要爲大同奔走呼號，那股推動的力量，不就正是來自大同的思想嗎？

正因上面三點，可以淸淸楚楚的得到結論，我們不推行大同則已，要推行便一定要從學術思想着手。在道理已明之後，我們再對第一項作個註解式的說明。即大同事業的本質何以是一個學術思想的問題？這個道理很明顯，上文說過大同是一個高度綜合的事體，這一高度綜合的事體，不論就其爲理想言，還是就其爲解決人類問題的方案言，都一定是出於學術思想的體認，而絕非僅憑生活經驗，直覺空想所能認知，縱令各別零星的事你都知道，但把這些零星事例組織起來導成一椿大同事業，也一定要憑較高度的學術智慧，而絕非僅憑經驗摸索所能爲——尤其妙的是大同事業的「人際關係」（指人們熱心和關切……等而言）。任何一件社會事業總都具有一些吸引人的趣味（例如下棋、釣魚……）或利害；甚至還有特定的利害相關人。正唯如此，這件事才能產生，才受推動。但大同事業卻談不到什麼趣味和利益；它雖有利而是天下的大利，與個人的小利私利無關。若僅靠軀殼的感受，誰也不會發生興趣；而要對這一大利大義能有興趣，甚至還有推動促進的熱忱，那勢必來自學術思想中的親切體認——不僅如此，就是擘劃經營的工作，我們前面說過：也非賴學術思想不行，因爲大同事業體大事繁，牽涉極廣，自非多方愼思詳慮據理推敲，無法得到合理的方案。何況它又是件毫無前例可循的事情？卽令有人開創，粗具規模，但今天的世界，是萬變無窮，時時都有罕見不經的事情發生，勢必隨時都需要有新起的對策（儘管基本方針不變）；而這種苟日新，日日新，又日新的創新業務，自非墨守陳規的俗吏所能應付（甚至面對世變而不理解）。要想因應創新與時並進，試問不來自學術思想還有何途。

由上看來，這大同之業，儘管枝葉千萬，繁複多端，而在本質上，卻澈頭澈尾是一件學術思想的工作。正唯如此，我們才高呼要把握着學術思想路線，唯有把握着這一路線，才是抓住要點；而作到了總其綱要，執簡馭繁的效果。

或者說，要點雖是抓住了，效果似嫌迂遠——這話不錯。但大同原非一蹴可就，若求急功近利，恐怕反有「欲速不達」的不利後果。從學術思想方面着手，雖似迂遠，卻是正本清源之道，走一步有一步的效果，作一處奠一處的基礎，慢慢的自會水到而渠成。須知學術思想方面的推進，不僅培養了，提高了，擘劃經營的實力，同時還撒下了大同的種籽，因而孕育出獻身大同事業的人才，造成了實現大同的思潮與環境。一旦有大政治家大英雄出現，便可憑藉這股思潮，這個環境，轉手之勞，便把大同事業直推上青雲。

(二)基本的鋪路工作

學術是要通其「理」，而非述其「例」；是要道其常，而非語其變。因此我們從事學術思想的努力，絕不是製定一套標準案例，提供大家遵行。反之，我們是要循理守常，作原則上的推進，尤其貴乎奠定往前推進的基礎，如何奠立基礎，自是方法多端，但下面幾件事，則無疑的是不可缺的基本工作。

1.加強國際活動

有一件事，表面上似乎與學術思想並無直接關係，實際卻有極重要的影響，並且還具有輔助作用的，那便是國際間的交往活動。人與人不相通，則隔閡不知，而生阻距。接觸交往，則相知相識，而生親近的感情。這是人之常情。近代由於貿易的發達和交通的進步，國際間交往頻繁，乃使彼此觀念大大溝通，增加了相互的認識。因而互相影響，互相模仿，而向着相同的方向發展，這對大同事業有極重要的貢獻。——這一現象，本是近代世局自然形成的，但既有此一成就，我們就應該慶幸珍惜，去因勢利導善予運用。

第一、我們不僅要從各方面鼓勵和加強諸般國際交往，尤其應該儘量倡導國際間學術文化的交流活動，以給大同學術思想鋪路。

第二、在學術文化交流中，我們應該站在全人類的立場，發揮「隱惡揚善」的作用。那就是說：有些事，雖也小有價值，但對人類全世界並無好處，甚至有礙大家和美相處的事情，我們應該予以壓低或冷藏。反之，有益大同發展，而爲全人類所共利的事情，應該儘量發揚。

第三、中庸說「車同軌，書同文，行同倫」，這正是大同社會所需的共同基礎。今天雖是殊方異俗，各有各的習俗禮法，但爲了實現大同來着想，我們應該在國際文化交流中，導使大家逐漸的向「車同軌，書同文，行同倫」的方向發展。這樣作法，對大同事業，自是在不斷的鋪路，而就國際活動本身講，也才算是有靈魂有意義。

2. 建立世界大同的學術

古人說「一代之興，必有一代之學」，要用近代的話來表達，就是一個新興的社會，必有其相應的文化基礎。否則這一社會是無法健存的。今天既要邁向大同，勢必要在學術上有相應的配合，因此我們要從事下面的努力。

(1)現有學術的世界化

「學術無國界」，要眞正作到無國界的地步卻還不太簡單，今天學術界眞正無國界之分的，恐怕只有數學、物理、化學幾種少數的學科了。其餘各科雖自認爲是超國界的學問，實際則只是這一科目中的區域之學而已，妙在當事人還都夜郎自大全不感覺。例如哲學界中的名家溫德般（Windelband）狄利（Thilly）魏伯（Weber）各位的書名全都叫作《哲學史》（History of Philosophy），那當然是以全部的哲學自命了。實際卻只是歐洲這一地區的成果，至少在印度在中國也擁有同樣的學問。因此到了近代羅素的大著，雖然題材內容完全相同，卻題稱爲《西洋哲學史》（History of Western Philosophy）。因爲羅素到過東方，他知道在歐洲人的哲學之外，還大有天地在。——不僅哲學，其他文學、史學等無不皆然，只是像羅素這樣明智有識的人太少了一點而已。

像這些有具體著作，成爲專論的還容易察覺。另有許多所謂科學的研究，便很難發現它的區域性了。例如一切屬於生物性的科學，儘管其研究都極客觀極超然，但其所根據的素材，則無不具有地域性。因此其一切研究的結論，從邏輯的觀點看，全是特稱命題，而不能取代全稱命題，當然也就不能成爲超國界超地區的結論了。像這些自然科學問題，還只是素材不同而已，至於社會科學，不僅素材不同，而素材中所牽涉的文化背景以及當事人的觀念想法，在在不同，但是竟很少有羅素那樣有明識的人，來判定其爲區域研究，眞是令人遺憾。

因此我們今天不論推不推行大同，都必須把現有的各種科學的領域擴大，使其眞正成爲無國界，超國界的學問。譬如講詩學的要講《伊利亞德》、《奧德賽》，但也要講《詩經》《楚辭》；研究戲劇的，要講莎士比亞，也同樣要講關漢卿、湯顯祖，唯其如此，才能配合大同的世界。

(2)建立世界學術

我們不僅要把現有的學術世界化，還要更上層樓，建立世界性的新學術。今天所謂學術世界化，只是將現有學術研究的領域推廣，照顧到人類的全面而已。至於這「世界學術」，則是把全世界對同一題材的各種不同研究方法，各種不同的研究事實……，予以融滙貫通，而發揮新的途徑，建立新的研究體系。拿醫學舉例來說，今天談醫學，當然以近代西方的醫學爲主流，但在這西醫之外，也還普遍的存在着許多非西醫式的醫學與醫術，及其他能有效治癒病患的例證。譬如中醫就有三四千年的歷史，不僅有其治病的一套醫術，同時還有許多醫學的書籍，醫學的研究；事實上也眞能治癒好多病症，甚至在近代有時還能治好西醫束手無策的病。這都是具體而客觀的事實，我們既不能抹殺，更不能棄置。站在文化的立場，要珍惜這些人類的文化遺產，站在科學的立場，更不能忽視這面對的事實㉗。我們勢必要研究，怎樣來研究，那絕不是像上文所說學術世界化的辦法，只擴大現有研究的領域就夠了。仍拿中醫來說吧，這中醫不僅醫術醫材樣樣與西醫（現代醫學）不同，而其所根據的原理，也根本不同。我們不能拿西醫的原理原則來研究中醫，一如不能用中醫的原理來研究西醫一樣。因此不研究便罷，要研究便首先須尊重其本來的面貌，予以深入了解後，再與西醫的原理原則交相比較，來發掘中西醫以外的新知識新問題；並從

㉗ 按：科學只是追求眞理的「一」條途徑，而非「唯一」的途徑。因此縱令「不科學」，也不見得就錯。參看拙作《文化與哲學》（新天地書局出版），第二七章，「科學的限度」。

而領悟啓廸，來發明更高深更普遍，足以兼而指導中醫與西醫的新原理。這就是我們所說的世界性的新學術了。此處所舉不過醫學一例，其他許多學問，理亦如此，這種「世界學術」的建立，不僅有促進大同之功，並顯然的要提高現有學術的研究水準，而開發出學術研究的新境界。

(3) 創建「大同學」

大同學顧名思義，當可知道是針對着邁向世界大同，而想成立的一門新學問。正因爲事在草創，一切還在摸索中，我們無法界定其內容。我們所得而言的，第一這是一門實用科學，而非哲理空論的塑造。第二這一學科將以人類的全體生存活動爲其研究的對象。第三它以促進大同、實現大同爲其最終之目的。第四由於上項旨趣，此一學科研究的素材將是綜合性的，而不以某種材料爲限；但這一綜合並非是堆聚雜湊，而是各科各業的一種統合研究，尤其要爲諸般學術找出一條共循的大道，不僅可使各種學術的功效互相配合，並且要綜聚諸般的成就，共建永久的和平、人間的天堂。

關於這大同學的構想曾承張其昀先生的贊許，而有成立「大同學研究所」之議，除了說明其成立的旨趣外，並擬具逐步推進的研究計劃和出版計劃。唯因限於經費，一直還未具體實施，此處不再多贅㉘。

㉘ 參看中華學術院出版之《中華學術與現代文化》叢書，哲學類中之三二一頁，「大同學」的創立與研究。

1. 推行天下一家的教育

我們縱不能說「有什麼教育就有什麼人民」，但教育對人民影響之既深且鉅，則無人能否認，因此今天要推行大同，正本清源就勢必要從教育着手。試問人人自小就養成仇恨鬪爭、視鄰爲敵的心理，還怎能攜手合作、共建大同。

大同教育與大同的學術思想是相輔而行、互爲表裏的。就本質講，學術思想更爲根本，而爲教育的靈魂；但就推行方面則教育顯然更有效、更普遍。因爲學術思想只能消極的靜待人們來研求，並且也永遠只是少數人的事；而教育則是由施教者普遍的主動注入到學生腦海裏；其效果之普遍，當然非學術思想之所能及了。是以我們必須強烈的呼籲主政施教者，採行天下一家的教育，以便廣植世界大同的種籽。同時凡是熱心大同運動的，也必須不斷的推動宣說，以使其成爲大家共遵共奉的教育思潮，而加強大同的推進動力。

什麼是天下一家的教育？茲事體大，且各國的情況又各自不同，當然不能枝節細講，謹綜其大要，舉出三大原則作爲推行的標準。

(1) 祛除仇恨偏狹的觀念

既然倡導大同，要使人們相親相愛和美共處，當然便不可再把一切仇恨偏狹的思想，灌輸給下一代。我們不否認人類相處，會有利害的摩擦，也不否認歷史的推演，曾留下若干恩怨；但仇恨鬪爭，卻不是解決問題的辦法，那只有治絲益紛，更增加問題的嚴重而已。我們虔誠的呼籲政治家們，今後萬不可拿鼓動仇恨，發動對外鬪爭，來作政爭或領導的手段；尤其勿再推行軍國主義以及一切以侵略爲目的的帝國主義。近代馬克斯等人，倡導鬪爭仇恨之說，其動機在同情勞工，爭取經濟平等，原未可厚非，可惜意氣勝過理智，只看到勞資利害的分歧，卻抹殺了合作互濟的功能。因此便一味提倡鬪爭打倒，而不知調適美化其關係，所以 中山先生說他是病理學家㉙，而非生理學家㉙。殊不知把資本家打倒了，勞工也無法存在(反之亦然)。誠如莊子所說：「東西之相反，而不可相無」㉚。譬如夫妻，正因其爲男女之不同，才結合爲夫婦，若是不知善爲運用彼此的功能，相親相助，卻一味的挑剔對方，抱怨對方佔了自己的便宜（實則他固佔了你的便宜，你也佔了他的便宜），那就只有離婚而已；當時是出了一口氣，結果是兩敗俱傷，徒自帶來無盡的痛苦。而今天馬列之說，正復如此。其得少，其失多；不僅阻礙大同的發展，並且造成人們更多的痛苦，希望信其說者能平心靜氣的想一想。

(2)加強親和意識

古人說：敎忠敎孝。爲什麼?人雖本性是善，但要把這善性明朗化，客觀化，總應該加以輔導和調敎，所謂是「修道之謂敎」了。譬如每個婦人，天然的都能生產（否則太古洪荒時，人類就絕種了），我們卻一樣要有婦產醫院和接生的人。同樣的道理，人類雖天生都俱有「人類愛」，

㉙ 見 孫中山先生《三民主義》。
㉚ 《莊子》秋水篇。

站在教育的立場，我們仍是要培養和發揚這一善性。拿大學的字彙來說：「明德」，是本然具備的善性，是天道；而「明」明德，卻是人道，是人們應有的努力。現在我們既然倡導大同，除了一方面要祛除仇恨的錯誤觀念，同時更要積極的發揮這「人類愛」的善根善性，如何去發揮？其犖犖大端如下。

①思想方面——人類對不如意的事，感覺敏銳，引以為苦；而對順適如意的發展，則多半是身在福中不知福，並不感到有什麼好的地方。因此人們通常只看到人間的摩擦衝突，而沒有感覺到彼此間的相依互助。我們只看：文學家的作品，盡是哀怨憾恨之作，而很少欣悅讚歎之文——便是明證。為了糾正這種弊端，教育上應該把社會結合的眞相，平實的告訴人們。——無人能否認人類社會是由愛力而結合，大家的福利，是由互相協作而產生，甚至個人的性格，才能，想法觀念，也都是由彼此蘊育激盪而形成。……像這些客觀的科學事實，都應該讓人們淸淸楚楚的知道，以免只看到秋毫之末的衝突競爭，而忘掉還有輿薪般的親和互濟。除了這些科學事實外，一切古聖先賢仁慈博愛，天下一家的學說思想，以及救人救世，普愛人類的奮鬪史實，都應該盡力宣說表揚，以使學子聞風而起，接着前人的棒子跑下去。

②知識方面——過去大家基於愛國愛鄉的觀念，都儘量灌輸本國本鄉的知識，甚至誇張其價值。灌輸本國本鄉的知識是對的；但同時也要公正灌輸他國他鄉的知識學問。這不僅增加對世界各種情況的全般了解，同時也才眞正了解本國本鄉的成就何在，地位如何。這種教育的推行結

果，不僅在知識方面，使人博通世情，而在修養習性方面，也可使人們彼此拉近感情的距離，而養成恢宏的胸襟。

③語文方面——語言文字，是人們溝通思想感情的工具。今天萬國同風，交往頻繁，不論就促進大同，還是就生活實用，都須多學一點別國的語文，此義甚明，有利無弊，勿待多贅。不過為了促進大同的目的，我們有一個構想，就是希望能在這衆多語文中，促成一種舉世通用的共同語文。近代曾有人發明「世界語」(Esperanto)即是此意。但語文不能生創硬造，必須有其實際的背景。換句話說，必須實際眞有一羣人在那裏使用，否則是行不通的；就連拉丁文都不例外。因此這世界語，雖經有人大力倡導，始終無法通行。——但在另一方面，默察今天時勢，我們會發現，有兩種語文值得培養，使成為世界通用的語文。一個是英文，一個是中國的古文。前者由於英國，美國相繼強大㉛，乃使英語在一百多年來享有未曾間斷的優勢發展。尤其美國商業發達，普及全球，美國的遊客又帶着美金走遍天涯海角。因此，儘管講英語的人數，並不如講中國話的多，而英語卻已成為流行最普遍的語言了。我們應該因勢利導，把它培養成一種世界共用的「話語」(Speaking Language)。——至於後者，也就是中國的文言文，其「時」、「空」

㉛ 語文之暢行，與國勢有密切關係，法文之興衰卽為明例。路易十四時代歐陸各國宮庭，全以法語通用的高尚語文，就是在第一次大戰前後，國際訂條約，還是法文為標準，才幾何時，今天誰還用法文，而法文本身還是一樣如舊。

的穩定性，非任何語文所能及㉜，最適宜作世人溝通殊方異處的意見，而又可傳之於永久。再加上使用的人數又多，不僅中國人，就連日、韓、越南的文人，以及日漸增多的各國漢學家，無不通曉。若在大同世界裏找一個大家能以共用（超空間）永遵（超時間）的「官文」（official language），——試問還更何求？因此，我們倡議在大同世界中以英語爲公認通行語言，以中國古文爲公定的官書文字。謹提此議，以供大家參考。

(3)建立眞正的榮譽觀

我們除了消極的袪除仇恨，積極的加強親和之外，還要輔導大家建立正確的榮譽感。這一點看似無足輕重的小事，實際上，卻是影響人們行爲取捨的一個極爲重要的因素。人世間多少摩擦

㉜西方各國文字，都與語言的關係太密切，而語文不僅各地差異，並且時時都在變易，影響所及文字也隨之而變易，例如四百多年前的英文、法文，便與今天的英文法文大不相同，甚至非專家不解，但是中國的古文與語言脫節。正因如此，他不隨語言的差異而變化，不僅上海人（吳語）、廣東人（粵語）、北平人（國語），使用的文字一樣，就是中、日、韓間，也可拿着一枝鉛筆，旅行無阻，儘管彼此語言不通。這是就「空間」講，再就「時間」講，更是很少變化。今天學者們寫信爲文所用的文言文，與兩千年前的《論語》《孟子》完全相同。儘管有新觀念新情勢的發生，一樣可以用之表達，而不必另造新字，改變句法——文字原是溝通人們的觀念，傳遞意思的工具，若這工具本身常變，還怎麼溝通。而文言文，既超空間，又超時間，豈非正是溝通中外，傳遞古今的絕妙工具了嗎（參看拙作《中國的未來》中之「歡迎日本華語文教授訪華團」一節——新天地書局出版）。

衝突，甚至國際戰爭，都是來自榮譽感的誤解和錯用。

爭強好勝要榮譽，原是人們力爭上游的表現。但歷史上的事實告訴我們，許多民族，許多國家，都把他們的榮譽建築在別人的屈辱上，小之侵略搶奪，欺壓勒索，大之攻城掠地，滅國自肥，都引以爲是自己的光榮大事。人人都要這樣子來爭榮譽，試問世界還有寧日嗎？大家能不能冷靜的想一想，這種行爲的光榮性究在那裏？這與頑童打架佔了上鋒，在意義上有什麼不同。

這種不健全的榮譽觀，往往還產生一種自我欣賞的感覺，那就是一般所說的優越感了。人應該有自尊心，自信心，這原是好事；但優越感則不同了。它是自己覺得了不起，自以爲高人一等，而把別人視爲「非我族類」。假如只限於思想，那就自我陶醉去吧！誰去管你？但孟子的話「生於其心，害於其政，發於其政，害於其事」㉝，這種心理反映到事實上，便往往構成高度的侵略表現。例如十九世紀，歐洲人侵佔非洲，明明是奴役其人，霸佔其地；還高唱「白人負擔」（White man's burden）之說，認爲是拯救黑人（反之，如有別人這樣來拯救白人，白人是否感謝？）。又如美國人曾與印地安人先後簽了四百多個條約，不但沒有一個履行，並且還都是夷其地，滅其種。試問美國有多少人對這種違約背信，感到慚愧？反之，卻都感覺理直氣壯，認爲是優勝劣敗，當然的結果。——何以致此，毫無疑問的，都是來自種族的優越感。大家若都如

㉝ 見《孟子》公孫丑上。

此，世界怎能大同。

人應該有榮譽感，但人是理性動物，榮譽要建於理性。我們要通過大腦想一想，我們的榮譽點，究竟何在？而這一點是否眞正是榮譽？應該淸夜捫心，自己反省一下。難到亡人國，滅人種，姦搶燒殺是榮譽嗎？眞正的榮譽，就主觀講，是自己有「超乎動物與野人的成就和表現」。就客觀來講，則是對人類的福利進步，作了眞正的貢獻，包括一切有意義的科學發明，有價值的藝術創作……等等難能而可貴的事項。主客內外，綜合起來說，便是我們那句老話「立德、立功、立言」，三大不朽了。能有這不朽的表現，才是眞正的榮譽。我們果眞有了這種正確的榮譽觀，自不會再有那些錯誤的榮譽幻覺，更不會有那莫名其妙的優越感，流風所及，當然大有助於大同的進展。

4. 對宗教的期待

宗教力量之大，是無人能否認的，尤其不論什麼宗教，都勉人向上爲好，而又都是超國界的。因此在邁向世界大同過程中，不能忽視這股力量。我們誠懇的期待宗教家，能針對世界大同的目標，在傳教時有所配合。那也就是說，在傳教時一切方式，用語和重點，都作利於大同發展的選擇。譬如說，各教都有其獨立自尊之所在，希望各教都只宣揚自己教義的好，而不必去「排他」。試看歐洲中古爲了宗教的「不容忍」(Intolerance)，引起多少悲慘的事情；甚至發生兵連禍結的戰爭，例如七次的十字軍東征，三十年的宗教戰爭等是；這種往事，不能再有。奉持一神教的尊嚴，推行不容忍的精神，其源泉當然是天主教會。但近年天主教的大公會議，已公然決定，承認其他教派的存在。教皇保羅六世，並破除傳統成見，親赴伊斯坦堡訪晤東正教主㉞，甚至在梵蒂崗延見喇嘛教的教皇達賴喇嘛。站在天主教的立場，這眞是革命性的開明作風，我們站在促進大同的觀點，要高聲喝采，擧手致敬。

再就傳教的教義講，今天各教不論是人們得救升天堂，還是擺脫輪廻同證涅槃，以及成仙了道，往生淨土……不容否認，重點都是對個人小我而言；我們能否呼籲宗教家們，把教友的興趣，從個己的永生悟道，逐漸轉移到世局的艱危，大我的永生。佛教的人士，也許會說大乘佛法，就是在講大慈大悲，救人救世。但這恐怕只是理論，在信衆的實際感受，絕大多數仍是自身的福報修持。縱使心懷慈悲救世，也是個別的作好事，一點一滴的積累，而從未聽說有「全面」拯救世道的計畫和努力。佛教如此，其他各教大體也如此，因此我們才呼籲大宗教家們，把重點從小我，轉移到大我，從個己發展到全面。尤其我們虔誠的祈禱，能誕生二十世紀的釋迦牟尼，二十世紀的耶穌。固然教義乃是永恒不變，但傳教的對象和環境則古今不同；以致傳教的方法，重點甚至使用的語言都不會相同。例如耶穌傳教總是用牧者和羊作喩，因爲他是身處游牧社會。今天我們面臨二十世紀，不僅生活環境澈底改觀，而心中的想法知識水準在在與古代大不相同，

㉞ 參看拙著《中國的未來》（新天地書局出版）一五〇—一五一頁「天主教的開明作風」。

難道我們就不可另用其他的語言辦法來傳教嗎？假如有這種偉大的宗教家誕生，我們相信一定會面對着今天的問題，而對大同事業有最偉大的貢獻。

5. 弘揚恕道

《論語》上記載子貢問孔子：「有一言可以終身行之者乎？」孔子答是「恕」㉟。人有諸般美德，何以獨說是「恕」，原來各種美德，不是指人們自身的修養，就是對特定關係人的美行。例如孝就是專指對父母的美行是。而恕則是對人們普遍應有的「共存態度」。人除了離羣孤處過魯濱遜式的生活不計外，只要涉足社會與人相處，便一定要俱有「善意共存的心態」。否則豈不處處與人衝突敵對，終至爲人所摒棄？而這「善意的共存心態」便是「恕」了。

恕不僅是個人終身持奉的美德，同時也是社會賴以維持的基本因素。如所週知，社會是由人衆而組成，必賴人衆的共生而存在。而大家要能相安共處順適的活下去，就勢必先要普遍的都具有這「善意共存的心態」。那也就是說大家在心理上，除了自己的存在以外，還要承認別人的存在，尊重別人的存在。試想大家若都有己無人，彼此「皆以水火毒藥相虧害」㊱，那社會還能存在嗎？

㉟ 見《論語》衛靈公篇。

㊱ 見《墨子》尚同上篇。

或者說社會是由愛而結合「只有愛始能團結人類」㊲，但這所謂愛是指那種人我相吸相聚的潛存「愛力」（如化學中所說的是），而非指個別的心理表現。若就個別的心態發用來講，「恕」卻顯然的比「愛」更踏實，更爲人們所需要。「愛」雖積極有力，卻非人人都能隨時有效的主動提供。心理學上有外向內向的說法，所謂內向的人便多半不習於對別人主動施愛。何況你所要施予的愛不一定就是對方所需要，甚至還是不喜歡。譬如你給吃齋的碗裏夾塊肉，儘管是一片好心，卻反而害了他。在你是非肉不飽，而他卻吃的是素，無法接受你的厚愛。他雖不需要你主動的施愛給他夾肉，可是他自己要吃什麼時，卻絕對需要你的「聽任勿擾隨其自便」，只有這樣他才能自由自在的活下去。——這是以吃爲喩，吃固如此，其他各事，道理又何不然？須知每個人都有其各自不同的需要和背景，絕不可用第三者的標準來裁判，所謂：「鳬脛雖短，續之則憂，鶴脛雖長，斷之則悲」㊳是。因此每個人的所作所爲，所喜所好，只要不侵擾到別人，大家便應該聽任其自行自在，自生自展，絕不可妄加干擾。只有這樣，大家才能相安共處，整個社會順適和諧的存續下去，而這一切作法，不正是「恕」的表現嗎？因此我們才說，在社會實際推演中，人們共處的實際感受中，恕比愛還更切實更重要。我們可以說，社會固是由愛而結合，卻是由恕而維繫。正因如此，孔子才單標「恕」爲終身奉行的美法，甚至釋迦牟尼也曾表示過相同的意

㊲ 見謝幼偉著：「孝與中國社會」載《新亞學報》四卷一期。
㊳ 見《莊子》駢姆篇。

見。他說：「有一種法菩薩摩訶薩常當守護，何等一法？所謂己所勿欲，勿勸他人，如是一法，菩薩摩訶薩常應守護」㊴，這不是恕道是什麼？

把這種社會所切需的「善意共存」的精神發揚出來，使人人都習守奉行，那便是「恕道」了。我們應該以傳教的精神，使用一切方法來倡導這恕道。假如大家都能深體其意，養成與人善意共存的心態，都能作到「承認別人的存在，尊重別人的存在」，那豈只是「己所不欲，勿施於人」而已，同時還將深入的建立起民主，平等的心理基礎。因爲民主也好，平等也好，其基本的精神，就在承認別人的存在，尊重別人的存在；若是缺了這種心理基礎，一切民主，平等都是空話，不僅有機會有漏洞，就會去破壞，甚至還會利用民主平等的美名，來達到不民主不平等的私圖。

把恕道應用到國際上，更不知道要消除多少糾紛，發揮多少妙用。假如白人尊重黑人的存在，黑人尊重白人的存在，那有種族的衝突？勞工尊重資本家的苦心經營，資本家尊重勞工的辛勤效力，那還有勞資鬥爭？回教尊重猶太教，猶太教尊重回教，還那有中東的戰火？——我們也知

㊴ 見佛經《大乘遍照光明藏無字法門經》。經中談應去應守之事，應戒去之事引擧九項，而應守護之事則只擧「己所不欲，勿勸他人」一端。此豈不與孔子答子貢問之：「其恕乎？己所不欲，勿施於人。」如出一轍。當然，此一佛經之眞實性如何？是否釋迦果曾如此說過？吾人不能確定，但佛門弟子有此共認之意見，則是不爭的事實了。

道國際間關係錯綜複雜，利害權益，往往衝突；但不怕有問題，要在能夠尋求解決的途徑辦法，而要想尋求合理的解決，先決的條件，就是要彼此都承認對方的存在，尊重對方的存在。若都要得之而甘心，非要把對方消滅不可，那就只有訴諸戰爭了，還談什麼大同？反之，若是恕道大行，那不僅能消患解難於無形，又可平心靜氣尋求合理解決於事後，眞是邁向大同的最佳寶鑰。

㈢我們的奮鬪

我們不僅要從事大同的鋪路工作，還更要探驪取珠，正面的去推展大同、建樹大同；那也就是　中山先生說的：「以進大同」的工作了。

大同工作是人類全體的共業，而非少數人的英雄表演。它雖也需要有傑出的領導，但本質上實有賴全民們一點一滴的血汗辛勤。唯有大家孜孜矻矻一致努力，才能給大同事業奠立經得起考驗的基礎；縱有英雄式的表演，也才有所憑藉。

那麼我們怎麼去作呢？也就是說，我們每一個人怎樣去獻身效命呢？此事雖大，作起來卻是平易近人。正所謂是「君子之道造端乎夫婦」㊵，個人只要克就自己的崗位好好作去，便能一點一滴滙聚成川、沖向大同的洪流。須知大同事業是綜合性的，一切正正當當的努力，無不都能給

㊵ 見中庸第十二章。

大同殿堂帶來一兩塊基石，添裝一點點彩飾；只要你這努力是建設性的，而非破壞性的；是有助於「人類愛」的，而不是煽動仇恨鬪爭的。

因此這大同工作可說是人人有份，而人人的正當努力也無不都直接或間接的裨益於大同。但爲了避免過於空泛而加約束指向，同時也可說，要把人類的努力更有效的用於大同事業，我們虔誠的呼籲，把所有奮鬪集中於下面三點：

1. 跟自然奮鬪

所謂跟自然奮鬪，是指研究宇宙眞理，以及有關自然事象的研究與處理。凡是從事這種工作的，都可說是跳出人世糾紛恩怨的一種超然奮鬪，不僅使我們的心智開發理性顯現，同時由於對宇宙自然的認識，而發揮利用厚生的作用，使人類普沾其利。總而言之，這實是追求客觀眞理，和創造地上天堂的一種最重要的奮鬪。

2. 爲人類奮鬪

所謂爲人類奮鬪，當然就是說要爲人類的全體幸福而奮鬪，不可只作一部份的營謀。只有爲全人類的幸福而奮鬪，才眞能天下一家邁向大同。這一奮鬪的具體目標有三：第一個是要謀全體人類的健全存在。第二個是要謀人羣團體間的和諧共存。第三個是要謀人與人間的合理關係，以及每一個人的合理生存。這三項，前兩者是側重在挽救人類的毀滅危機，而第三者則是謀求社會的正義與人生的尊嚴。

3.向至善奮鬪

人不能活着就算了，而要活得更有價值，更有意義。個人如此，整個人類亦復如此。因此我們不是只求苟全性命，而是要把人類潛在的才能，本有的善性，充分發揮出來，使人成爲卓越尊高的人，使社會成爲多采多姿的理想社會。我們不僅要造成地上天堂，還要進而「爲天地立心」。

五、大同世界的構想

大同的實現，要靠全人類的共同努力，尤其要大家各從自己的角度，分頭去奮鬪。但怎樣把這些分頭的奮鬪綜合在一起，而形成大同的偉業，那就勢必要有一個共同的構想來當作大家奮鬪的目標了。否則大家的奮鬪儘管都合理有益，但碰在一起，卻將衝突抵銷無法配合。不僅殊途而不能同歸，甚至求全而反要互毁，那還怎麼能大同，那將是大亂了。

爲了適應各自不同的情況，和未來的實際發展，我們不能提出過於詳確的藍圖，尤其不能提供一個一成不變的體制。——雖然愈明確、愈具體，則目標愈顯明——我們要提供的乃是幾個基本的要件。這些要件旣是大同殿堂的主要支柱，同時也是邁向大同理想之不可或缺的推動力。那就是下面我們要呼籲的四點：

㈠天下一家的懷抱

大同世界不一定要有一個世界的政府，但是卻不能不有一種天下一家的情調。大家不僅要有彼此相安共處的心理準備，並且一切事，都要能有「從人類全體的觀點出發」的想法。我們需要有一種「世界思想」來領導，更需要建立起眞正的世界學術，來奠定世界大同的精神基礎。

㈡互敬互助的態度

人類散處各地情形不一，因此所生的禮俗制度自不能一致。只有孤陋寡聞的冬烘先生才會覺得一切只有自己的好；而通達明理胸襟開濶的人，全知道自己的禮俗制度，固是珍貴可喜，得來不易；人家的，同樣有其卓越艱辛貢獻，和其不得不然的背景。因此我們固然要愛國、愛家、愛我們自己的；但對別人的一切，也該體其艱辛，存有敬意。尤其應本「成人之美」的精神，助其發展，使之得到應有的成就。

㈢多姿多采的發展

大同雖是天下一家，卻不是要大家天下一樣。大家各有不同的背景，各有不同的特長和需要。怎能削足適履一齊砍成一樣？我們不僅要因地制宜，各有適合一己的制度；並且要發揮各民族各地區的傳統美德，使形成多采多姿的盛況。譬如音樂，我們不是要使所有音符都一樣？反之卻是要用高低疾徐的不同音符，編織成優美壯麗的旋律。

四一致向上的奮鬬

我們所謂「一致」，有兩個意思：一是指「大家一齊作」，一是指「事物發展的統一化」。我們雖是要多采多姿，卻不是要漫無歸宿四分五裂。我們不僅要使紛歧不同的，能夠彼此配合；並且要在這諸多不同的中間，培育出一致共循的正軌，使各種紛歧不同的事物能有更上層樓的一致發展。尤其有關技術和制度的事，更應該彼此協調，尋覓劃一的組織與辦法。推而極之，要導使大家自然的組成一個世界政府，來促進人們向盡美盡善的境界去發展。而這一超乎「動物生存內容」之上的努力，就正是我們所說的向上奮鬬了。

六、結　論

在全文要旨陳述如上之後，再以簡明扼要的文字，重申下面幾點，以作本文的殿語。

一大同時代的來臨

一、今天全球各地，已經眞實的聯聚在一起，使得整個人類構成一個共處一堂的大社會，可說是已經具備了大同世界的客觀環境。

二、由於歷史的演進，已逐漸產生一種趨合相親的大潮，而那些割據自雄，阻礙溝通的觀念，無不漸形萎逝，例如十九世紀的那種強烈自尊的國家主義㊶，以及神聖不可侵犯的主權觀念，顯然今天已不存在㊷，這大有助於國際間溝通交往，這在十九世紀時是不可想像的。

三、今天科技的成就和交通的便利，已充分具有處理全球性的事務，而各種行業，也都規模加大，擴展到全球，特別許多大型工商業，既需要全球性的資源技術支援，更需要全球性的推銷市場，凡此均在技術上爲大同世界舖了路。

四、學術思想科學技術，交換媒介（如貨幣），無不在邁向超國界的發展，甚至生活習慣、劇藝（如電影）玩好，也無不互相影響，日趨一致。

㊶ 見威爾斯《世界史綱》第三十八章第七節「國家主義之觀念」萬有文庫譯本，八七八—八七九頁。

㊷ 西人自包丹（Bodin）倡主權說至十九世紀而大盛，認爲是國家三大要素之首。「十九世紀國家主義之主要觀念，卽各國皆有完成其主權之權利，卽各國皆有治理其本國境內一切事情之權利，對於任何他國，概可無顧」（見前書第八百八十頁）諸如割地予人，外兵駐境，皆爲嚴重損傷主權之事，視爲奇恥大辱，但降及第二次大戰，最老牌帝國主義的英國，竟然以若干島嶼向美國交換三十六艘軍艦，而戰後，則美軍普遍駐於友好國家之內，甚至當地國反對其撤兵，凡此皆爲十九世紀（甚至廿世紀初期），不可思議之事。

五、綜觀上述各端，可知歷史演進的長程，已在一步一步的邁向大同，這是千眞萬確的歷史事實，我們亟應因勢利導，促進大同的實現。

(二)大同——人類的前途

一、由於今天世局綜錯複雜，到了牽一髮動全身的地步，因此一切問題的解決，都須作全面的考慮。同時這些問題的利害影響也勢必牽涉到許多地區，許多國家，因此問題的完滿解決勢必仰賴相關國家有效的支持，在這種情形下，當然要有一個統籌全局共同尊奉的組織才好，否則不僅當事者東央西求，費盡周折，而黠惡的國家還可藉此敲詐勒索，以作損人自利的勾當。

二、誰都知道和平的重要，和戰爭的兇險。尤其今天，一場戰爭，可使人類毀滅。但和平必須全體共同維護，而一國的作亂，便可掀起戰爭。在這國際無政府狀態下，誰敢保不會有一兩個「有辦法無水準」的政治家，劫持政權發動戰爭，尤其有若干自命是「玩火高手」的政治家們，利用人們知道戰爭的恐怖，而肆行敲詐。但一個玩轉不靈失手了，誰敢保不就弄假成眞打起來。歷史上這種事例太多了，能不警惕爲戒，而要想有組織有計畫的共經和平，試問除了邁向大同，還有何途。

三、不僅要舉世協調，確保和平，還要更上層樓，貴乎全球團結，應付可能會有的太空侵襲——固然，外太空人的傳說不足置信，飛碟的出現，也察無實據，但居安思危，不能不警惕有備。對於可能的侵襲和災害，我們寧可信其有，而不可「必其無」，這才是有備無患之道。試想印地安人在北美大陸，遨遊自在，安居樂業，何止幾千年。又那曾想到突然會有人從不見邊的水那邊，渡海而來，然後把他們逐一消滅，假如當年全北美的印地安人，都是有組織能互助，就不致有今天這樣悲慘的命運吧，以彼例此，我們今天又安可不深自警惕，難道就憑藉我們這點淺薄的科學知識，就能武斷永無外來侵襲的可能嗎？

四、不僅解紛止戰有賴大同，而興利謀福，更是如此。須知大家既處在同一世界中，必有共同的問題；糾紛衝突，固是舉世關聯，牽一髮而動全身；而公衆的福利，也同樣是複雜綜錯，息息相通；因此要想成功的興利謀福，勢必有賴大家的協助，規模愈大，性能愈高的，愈是如此。中庸陳述統一的情形是「車同軌，書同文，行同倫」㊸，所謂「車同軌」是說一切器物的制度規格都有同一的標準，「書同文，行同倫」，都是統一（大同）的後果，而這「車同軌」則是統一（大同）的階梯，非有同一的規格制度，福利無法交流溝通，這個道理於今益然，此其一。——再者世界各地情況不一，若都各展所長，互相配合，則必相生相成，得到最良好的效績，而給大家帶來最美好，最大量的福祉，此其二。——最要緊的而也是最根本的，就是大家要能具有互相支援，互樂其成的好心誠意——凡此各點，有效的建立同一規格制度，有計畫的彼此配合，都勢

㊸ 見中庸第二十八章。

必有賴於大同的局面，而要具相互支援協助的誠意，更有賴大同意的確立。

五、總結上述，可知時代演變到今天，不論是避禍止爭，還是興利謀福，若想謀有效的達成，無不都仰賴大同事業的推行，我們縱不說「大同」是解決人類問題的唯一途徑；至少也可說邁向大同才是人類最光明最美好的前途。

(三)和平奮鬥救世界

一、孫中山先生要我們「和平奮鬥救中國」，我們今天要本着同一旨趣來「和平奮鬥救世界」。

二、我們今天所以要救人救世，促進大同，原是由於世局動亂，暴行有作；假如我們也以武力欺詐等不義之行作推行的手段，豈不是以暴易暴，以火救火？我們尤其反對共產黨人那套強調人類弱點，利用人們劣根性的作法，這是開倒車的辦法，向下墮落之道。

三、中國講「政者正也」[44]，西洋傳統的說法也以道德爲政治的本質[45]，政治本身就是人性向上奮鬥的表現，我們要發揮人的優點而不是弱點，我們要表現人之所以爲人。

---

[44] 見《論語》。

[45] 柏拉圖的《理想國》卽以正義（Justice）爲政治的中心觀念。

四、因此我們要以祥和代替暴戾，要以堂堂正正之道代替陰謀詭詐，我們要奮鬪，卻不是征服打鬪，而是本着和平的精神奮鬪，爲和平而奮鬪。說句老話就是要行王道而棄霸道。這也許功效較爲迂遠，但大同原非急功近利之事，我們就只有本着自強不息的精神不斷的奮鬪，不達至善不止。

五、人類要生存，但不是僅僅求生存，還要講合理求進步。大同是要爲世人謀福利，卻不是只求「廉價的享樂」。我們還要使人生合理，促進人類的進步。我們要使人性的光輝面日益發揚，不愧其人之所以爲人。假如有上帝，我們要莊嚴的面對上帝，無忝於爲人。換句話說我們是仰不愧天俯不怍人，堂堂的表現了「人」的存在。

(四)我們的責任

一、今天的世界是以西方文化爲主流，而今天空前的國際紛爭人類大難，從深遠處看，也正是西方文化帶來的後果；這是大家公認的定論。

二、這些年時有「光明來自東方」的呼聲。在這呼聲中，反映出三點：第一、西方文化縱不說是已經沒落㊻，至少也是發展到淋漓盡致的地步了。已難再有新的發展。第二、對於目前的問

㊻ 如斯賓格勒撰書《西方之沒落》是。

題災難，只有順着舊路修葺小補；若想改弦更張、澈底扭轉救治，殆不可能。第三、因此只有求之於西方文化系統之外的東方了。

三、我們不能因地處東方，便自我陶醉；但既已承擔了東方文化的傳統，便應該當仁不讓，勉盡我們的責任，竭力去作這挽救當前文化危機人類災難的工作。

四、再就我們本身講，我們不僅有大同的傳統，和「平天下」㊼，「柔遠人懷諸侯」㊽的古訓，並且在過去幾千年，還一直有領導東方世界的經驗。在並世各國中，具有這種經驗和思想的，眞可說是「只此一家，並無分號」。固然這都是陳迹往事，但「太陽底下無新事」㊾，世事雖遷，道理不變，我們正應該發揮這些固有的經驗來解決當前的問題。

五、在昔 孫中山先生就曾深感西方文化流弊多端競爭無已，而要國人「以化彼競爭之性，而達我大同之治」㊿，我們今天願重申此言呼籲大家：千萬勿因國事蜩螗而妄自菲薄。須知耶穌是來自拉沙勒而非羅馬；孔子是來自曲阜而非咸陽。我們要莊嚴的本着我優良寶貴的傳統，發揮文化的力量，道義的力量來挽救人類毀滅危機，達成大同之治。

㊼ 見大學首章。
㊽ 見中庸第二十章。
㊾ 見《約經》（卽基督教聖經）。
㊿ 見 孫中山先生之「實業計畫自序」。

恕道哲學

作者按：年來痛感人類毀滅危機，乃不自量力，呼籲大同，以謀挽救。然大同非可倖致，太平尤賴「道」立，因就我傳統智慧，發為「恕道哲學」，俾作人倫共處之旨歸，匡時濟世之張本，不僅痛心疾首之戰禍可得而息，而舉世嚮往之民主，亦免强凌衆暴之譏。謹先陳佈，以求教正。

一、緒　言

《論語》上記載，子貢問孔子：「有一言可以終身行之者乎」？孔子答說：「其恕乎？己所不欲，勿施於人」，人有諸般美德，何以一概不提，而單說這「恕」，原來各種美德善行，不是高超的內在修養，便是特殊的卓越表現，儘管難能可貴，足資矜式，卻都是專一之德，針對特殊事象而引起，而這「恕」則是人與人間普遍應有的態度，是社會不可或缺的德性。別的美德缺欠了，不過降低社會品格導致紊亂痛苦而已，但若沒有了恕，社會便根本不能維持，社會不能維持，還有什麼美德善行之可言，而要使人能夠羣倫共處相安互濟便全靠的是「恕」，這足見「恕」之可貴了，而「恕」之尤其可貴處，是在不僅具有維繫社會的功能而它本身更有無窮的妙用，「恕」表面看來只是消極的自我約束而已，但往深處看，卻是最佳的愛人之道，看似平淡卻意味深長，最經得起考驗，「恕」是約束自己尊重別人，好像一切都在捨己外逐，中心無主，而實際的內涵卻正是溝通人我，統合外內，不僅成就了大我發揚了自性，並在恕道的踐履中證悟到本源，而上通於「天」，至於眞化民主，保持和平等等實用價值尤在其次，具用而備體，下學而上達。我們若說它是諸德之本，實不爲過。

二、恕的必要性

一般說社會由「愛」而結合，但這所謂「愛」乃是一種「愛力」（一如化學中所說，不過一是對物，一是對人而已）而不是愛的行動；愛，潛而未發，只是一種心意，把這種心意具體的發出來，施投在別人身上，那便是愛的行動了，這愛的行動自是可嘉可喜，卻不是人人都能隨時作到的，人有內向外向，冷靜熱情，有的衰弱懶散，有的精力充沛。後一類的人自是「從之也」，但前一類的人便不一定能隨時付諸行動，去熱愛他人了。儘管他內心也非常良善，再者即令能夠隨時提供愛的行動，但俗語說：「人心不同，各如其面」，情況處境更多差異，因此你之所好，不一定就是他之所喜，你一定要把你所喜好的「施諸於人」，動機雖是熱誠，實際上，卻是以你自己的標準來衡量別人，硬把自己的意願加在別人身上。說得不好聽點，就是有己無人，抹殺了別人的存在。儘管一腔好意，事卻難以行通，甚至還會求全反毀，招來相反的惡果。以飲食為喻，譬如你自己是非肉不飽，好心的給客人碗裏夾一塊肉，那知他卻吃齋茹素，不僅肉不能吃，連那碗飯也不敢碰了。這雖是一個小例，卻可因小明大，舉一反三，使我們知道：「愛」不是能夠普遍推行的，儘管你是好心，卻可能給人帶來干擾。

人不一定能接受別人的熱愛，卻絕對需要別人的尊重。仍拿前事為例，他雖不要別人替他夾肉，可是他自己吃素，卻絕對需要別人「不加干擾，聽任自便」然後才能安適自在的活下去。吃素如此，別的生活習慣也如此。一個人有此需要，每個人無不有此同樣的需要。唯其大家互不干擾，這社會才能羣倫共處，行健存續。而要大家都能互不干擾，聽其自便，那勢必就要人人都能承認別人的存在，尊重別人的存在。而這一善意共存的心態便是「恕」了。它實是一個社會不可或缺的本德。我們可以說：即令社會是由愛而結合，而其維持存續卻靠的是恕。唯其心存恕道才不會對人去干擾。像前述施愛而生的無意干擾自不會發生。更重要的是那些由恨而生的惡意干擾，也會消滅於無形。所謂「恨」便是對人懷有敵意，必欲得之而甘心的情態。由這一情態所生的行動，豈止干擾而已，硬是由攻擊侵害到消滅不一而足。人人若都如此肆行恨意，一如墨子所說的，互以「水火毒藥相攻擊」，那還堪設想嗎？但假如明乎恕道，想一想：我揚眉吐氣的活着，別人也一樣活得理直氣壯。我憑什麼要凌呑別人，把人踩在腳底下。我之不可否定別人的存在，一如別人之不可否定我的存在。大家果明此理，試問還有誰去惡意的干擾別人，找別人的麻煩，因此這一弊禍也就消滅於無形了。

我們也知「恨」往往是起於一種排拒異己的心理，人雖同種同羣有其通性，（所謂「共相」是），但天下沒有兩片樹葉是完全相同的。每個人也都有其各自不同的特異處（所謂「殊相」是）。加上後天的訓練習染不同，身份處境的不同，就更形成萬衆紛紜的歧異性。人本來就有「自貴而相賤」的習性（《莊子》秋水篇「以物觀之自貴而相賤」。人也是物的一種。）何況是對着歧異不同的對象，因此很自然的就自以爲是而看着「不同的別人」不順眼，這種錯誤的心理若不及時糾正，便會愈演愈烈，把別人看成是與自己競爭的對象，是自己發展的障碍。於是便恨從心頭起，惡向膽邊生，寇仇相視，彼此交相迫害了——這實在是未看清事理。

殊不知事在人爲，順逆生尅尤看人們的安排。人與人間固可成爲競爭的對手，但在另一方面，又何嘗不是合作的夥件。個中微妙，全在人的安排了。何況合理的競爭還能促進彼此的發展，中庸上說：「萬物並育而不相害，道並行而不相悖。」不同的因素不一定就要互相水火，尤其不是構成危害的原因。須知別人與我不同，正如我之與別人不同。我既未因不同而害了別人，又爲什麼看到別人的不同就生恨肆惡。別人與我不同，不僅不是我的仇敵，反之正因不同才可彼此刺激，誘發而有創新上進的成就。更可盈美相濟，長短互補，而構成更高層面的美績。譬如音符，若都同音，還怎成曲？正因高低疾徐，相互參差，才形成優美的旋律。而人則正因男女不同才能結成夫妻。人們若明此理，對於歧異不同能夠捐棄成見，互相尊重。還那裏會生恨致禍？不僅沒有恨禍，並且正因互相尊重「並行而不相害」，逐漸蘊釀昇華而形成多采多姿的績效，更上層樓的發展。這一失一得，一禍一福，關鍵就全在能否互相承認彼此的存在，互相尊重別人的存在，而保持善意共存的心態了。

正唯如此，孔子才說，一言而可終身奉行者是恕，而我們也要說恕才是社會賴以存續維持的至道了。

三、恕的內在性

恕道是維持了社會，發揮了立「羣」的功能。但社會究竟是「人」組成的，「人」才是社會的主體。現在要人們「己所不欲，勿施於人。」要人們「承認別人的存在」、「尊重別人的存在」，像這樣一味的自我約束，捨己爲羣，是否本末倒置，抹殺了「人」的存在？人生的意義，必須發自內心，才活得有味，幹得有勁。而一味外逐，全為別人，那是把人生的重心放在外面了，心中還那有「源頭活水」（朱熹詩：「問渠那得清如許，為有源頭活水來」），無源之水，很難想像怎麼能持續暢流？縱令成功實現，也將把人們變成百分之百的螞蟻、蜜蜂，還那有人生之可言。

這話看似很對，其實是對人我關係未能深入了解。單從形體看，自然，人是人，我是我。我為什麼要尊重我軀體以外的別人？我為什麼要捨己為人，顧念別人去為別人而活着？但要深入一下觀察時，則我之於人不僅就像蓮花荷葉同出於藕，並且是「我」中有「人」、「人」中有「我」涵涉複雜，無法分割。尊重別人同時也成就了我，非但不是放己外逐，反之正因為關顧身外，尊重別人，才統合了內外，溝通了人我，走上了更高層的人生境界。

首先就人我的觀念說起，人們所以生心動念計此計彼，不是因為先有一個「我」麼？假如不知有「我」還那有什麼為己為彼，內外之分？而這「我」的觀念便是因「人」而才有的人。試想世界上若只有一個人，這個人怎麼會生出「我」的觀念？唯有人我相盪，然後才反身自覺而知道有「我」，然後才能依「我」而起諸般意念。因此推本溯源，在「我」的觀念萌生之始，便早包含有「人」的因素在內了。莊子說：「物無非彼，物無非是……彼出於是，是亦因彼」這正道破了個中的消息。

這還可說是抽象的心理分析，再從實際來講，想一想在「我」的個體中，潛存着多少別人的素質？軀體的遺傳，母乳的哺育不用說了，而就在我自己的新陳代謝，發育成長中，該有多少別人的素質在「我」之中進進出出。譬如我吸進的新鮮空氣，能夠沒有「脫化了的別人濁氣」嗎？我吃進體內的菓菜豬鷄，能保證沒有吸收過別人的分泌遺棄嗎？在這宇宙大化流行中，誰能抗拒這「道通爲一」的現象，而自保其純淨的孤立？至於一己的觀念，想法，學識，技能，以至生活方式，說的語言，諸般文化素質，那一樣不是取自別人，注入我體——你能否認這一事實嗎？這就好像一鍋臘八粥，每一粒米，每一顆豆都有它各自獨立的個體，但是卻無不潛含了其他果豆米穀的滋味。

我們不否認「我」是「個體」的主腦，並且一旦形成後，還都有其「自性」。那也就是說：面對着個體以外境象，自成一個明覺發展的主體。在不斷的明覺發展下，每個主體形成不同的表現。有些個「我」還能產生極卓越的成就，諸如不朽的藝文，曠世的功業，以及利物濟世的發明，啓智立德的學術……等等不一而足。這自然都是「我」的辛勤產品，而値得自慰自豪的事。但不要忘了，就在這辛勤努力中，不知摻入了多少別人的助益。若缺少了這些助益，你就有天大的本事也不成。正是墨子所說的「無之必不然」了。試問沒有高手的對抗，你怎能下出好棋？沒有百萬大軍的隊伍，你的指揮妙才又何從表現？至於許多曠世奇功、發明巨製，那更是時代的產物，豈能獨貪天功——因此儘管「我」了不起，而使我這「了不起」能成爲事實，乃是基於別人的存在。甚至我之所以「了不起」，也是來自別人的陶冶與培育。儘管你有貝多芬，莫札特的音樂大才，假若生在蠻荒之區，那也只有唱唱山歌，弄弄羌笛罷了，還能譜出動人的交響曲？

由上述的分析看來，「人」「我」在形象上雖是各屬自體，彼此分立，而在實質上則是彼此交融，難以一刀兩斷。不論物質形體方面，還是精神才藝方面，無不如此。尤其一切才藝文化方面的發展，更是基於他人而形成，「人」「我」交感而有表現。甚至你眞有了成就，還要把這成就投向人羣，由「人」來賞鑑，否則你歌唱給誰聽？你一手好文章，寫給誰看？

正因如此，所以我們才呼籲「承認別人的存在」、「尊重別人的存在」。說穿了，尊重別人就等於尊重自己，有「人」然後才有「我」。若把別人都消滅了，那就不啻自壞長城。接着來的就是自我滅亡。你把別人的錢賺光了，你工廠關門的時候也就到了。因為別人已無錢買貨，你不關門還等什麼？唯其大家都有錢，你才有生意作，而能不斷展擴發財致富，此例如此，他事又何不然？唯其「人」「人」都好，「我」才能有所憑藉，得到適當的存在與發展。假如「我」只限於生物式的存在，你還可捉魚摘菓自生自滅罷了。而愈是文明進步，愈是成就宏偉，愈是層境高卓，就愈需要有別人的陪襯。「我」需要更多的「人」來充實，「我」的才華潛能要在「人」之中來磨練。如其「我」眞有什麼奇功偉業，那更一定是承襲「人」羣業蹟的大流，得到衆「人」的贊助。試問「我」與「人」是要怎麼個分法，我又怎能對人不關切，不尊重？

四、「恕道」的形上基礎

㈠小引

不過這都是理智的分析，而不是恕道的眞正動力。計算機的結論只能告訴你事實的眞象，卻不能鼓起你的勇氣。眞正使你有血有肉的去關聯別人，是出自一種人我同源的本能反應。唯其有此「同源」，我們才能發乎內心有血有肉的去關聯別人，而恕也才不是外鑠的枯燥教條。

㈡本源

人雖紛紛獨立自處，好像都是隔離無關的個人。但從深遠處看，卻全是這同一宇宙天體的一部份；而有其共同的生命本源，因此人與人間，天然的具有一種息息相通，彼此關聯的根性。這根性雖是看不見、摸不着，卻眞眞實實的潛存在每一個人的內心深處。平素了無痕跡，一如電流之在線路；等到機緣一至，立即迸發顯現，也一如電鈕一按，光熱立至，電之大顯功能。人與人間所以能關愛親切，相互承、尊、勿施，就全靠的是這種力量。那也就是說：恕之爲恕，基本的原理就是來自這種根性的發動了。

孟子說：「今人乍見孺子將入於井，必皆有怵惕惻隱之心。」這段話便淸淸楚楚的說明了這根性的作用。人與孺子果眞是爾爲爾，我爲我，一如軀體之隔離無關，試問怎會一見其「將入於井」，便如響斯應，惻隱關切？電波與電波，若沒有相同的頻率，還不能互感呢？難道人與人間沒有共同的關聯就能如此親切響應嗎?有之，無他，就是這種人我相通，出於本源的根性了。《易傳》說：「寂然不動，感而遂通。」若套用這句話時，則「恕道」的踐履，就正是這根性的「感而遂通」了。

㈢慕　天

「將入於井」不過是一個戲劇性的說明而已；恕道的運行並不專賴「將入於井」的刺激，尤其不止是怵惕惻隱的刹那關切。恕，實有其更深更廣的內容。這當然仍要從人我同源說起。人雖是宇宙天體的一部份，但也終有其一己的個體。就哲理講，就是在「全」中有其「一」了——儘管這「一」小得不成比例。在這種情形下：就其為「一」言，每個人都是一個小型「完整」的單元，而有其自己的生命，有其自身的「殊性」和「獨立性」。但在另一方面，就其為「全中之一」言，又必然是不週全、不宏偉、不能與「全」相比。因此每一個人便都會在潛意識裏，自感渺小孤寂，而祈慕於天「全」。——這一意識就更加強了人我間的關聯根性，更充沛了恕道的運行發用；乃使：人我間形成種種不同的共鳴，而恕之為恕有着多采多姿的表現。這萬彙不同的發用，就其性質而言，可約略分為：「壯盛」、「充實」和「證源」三類，類別雖殊，其為求之於「友體」的共鳴則一。

1. 壯　盛

現在先談壯盛。

人雖每一個人都自貴自是，活得蠻不錯，甚至如佛家說的自性圓滿，無所欠缺；但面對着宇宙大我，卻無不潛意識的感到渺小，孤寂和失落。宛如從一個溫暖的大家庭中趕出來，隻身徘徊在黑夜的荒野。而同時，天然的也就具有一種祈慕本源的潛意識，一如小兒的「思母症」。在這種複雜的意識下，一遇到別人，不論是「將入於井」戲劇性的刺激，還是平淡的碰到，只要機緣相遇，都會馬上興起恕道的作用。那不僅基於同源而感關切；並且就自我來講，實在是冲破了孤寂而感到生命的壯盛。這就像「獨行荒郊而有人來結隊相隨」，「孤身練唱歌友羣來相和」，全都使我們意興高漲，生命感到昂揚。我曾無數次發現很小的嬰兒，人走了就哭，人來了馬上不哭，甚至是兩三個月的小孩。有人說是小孩的安全感，這話不對，因爲兩三個月的小孩，還不懂什麼安全不安全。反之，卻顯示人類與生以來就具有一種超乎經驗知解的意識，需要有人陪伴。這陪伴沒有任何現實的需要，唯一的理由就是冲淡了潛意識的孤寂，壯盛了生命的聲勢。《易傳》上說「同聲相應，同氣相求」，求個什麼，其道理便全在此了。

2. 充　實

人際的相與還不止是去寂壯勢、情調的高低。而更有意義的，乃是使我們的生命更增具了眞實感，其作用可分三層來說：

(1) 返照——有了東才有西，照照鏡子，才知道自己的模樣。我的存在雖是事實，但與人的一遇，才會省覺到自己的實存。正如鳥的劃空一鳴，才感到林谷的幽寂。

⑵運作——正由我思，故知我在；正由我作，才感我存。我碰到了別人，不論是止於關切，還是更進一步的交往，無不是從「我」中發揮了若干作用，使「我」發揮出一些「人」的功能。就如一個發光體眞的投射出了許多光。而就在這運作發光中，會使你感到自己的眞實存在，而不止是一個空名體。

⑶輔成——人雖同源而生，但因機緣不同，自然各有偏異差等。譬如同是一根所生，卻枝葉花菓各自不同。就每一個體言，雖都自成單元獨立存在，但就宇宙大我言，卻無不潛意識感到缺欠不足，有待別人的補正調濟，才能有更圓滿更豐潤的生命。譬如男女陰陽，就是宇宙間最重要的偏異典例。男女各有所偏，偏而相濟，才能安和祥泰得人生之正。男女居室，自是婚配生育的要道，但更重要的則是眞實的感受到生命的完滿協調。所謂「完滿」，是針對人生的各有所偏，不能完滿的都佔到；所謂「協調」就指不同偏異的相生互濟了。柏拉圖曾喻男女各是相應的「另一半」，兩半合起來才是完滿的人生。不過「男女」不同雖是大別，人之所偏，卻不以此爲限。林林總總的差別對立，都可承襲舊說，稱爲陰陽。而所謂一陰一陽之謂道，就正說明了這相生共濟的旨趣。

3. **證　源**

我們不僅因人我的相與，而使自己生命充實壯盛，妙在還每每碰到別人，而證悟了自己的本源。

什麼是本源？那就指人所自來的宇宙天全。若用簡化的言語來表達其對人的關係，就是「全」之於「一」了。「一」之有「全」，其理至明：若無「全」還那來的這「一」？同樣的，人之有源，還用問嗎？這本源雖超乎象外，非感官所能捉摸（按：看不到而確乎存在的事例極多，如電波……等是），卻是普遍的、深厚的存於我們的周遭，而與我們的生命息息相通。不過我們習而不察是了。正因有此背景，乃無不潛意識的自感渺小、自感疏離，而對生命所由來的本源，有着不盡的懷念與嚮往。這種情愫平素很難顯現，但在與友體共鳴時，卻每能因異悟同，激發出洄溯的慕憶，陶醉融渾在本源中。何以能致此，道理很簡單，譬如一個中國人浪跡天涯，掙扎求生，早已忘了什麼國籍不國籍、種族不種族的問題了，突然遇到一個華僑，勢必馬上清醒，感到自己是來自華夏的中國人，並且還要縈迴祖國，與那同胞敍一敍鄉情——這種道理誰都明白，而再往上一推，就會體悟到更深遠的共同本源了。淺深雖異，道理則一。

我們本是基於共同本源，才對別人關切共鳴，但妙在反而因那別人，而悟到自己的本源，這就是恕道的微妙了。

4. 同　天

上面這壯盛、充實、證源三事，顯然的，證源更有意義、更有深度。但也正因爲更有深度，乃不能像前兩者那樣能夠隨時呈現，人人一般。「壯盛」、「充實」雖都抽象，到底還是軀體的直接感受。而「證源」則比較曲折，何況這「源」又微妙玄通，不可捉摸？因此在稚幼渾樸時，自是融感無間，而在世緣斲喪下，就可能會日漸萎淡，存具幾希了。這就如嬰兒無不熱愛母親，但隨着歲月的推移，終日只在照顧自己，尤其接觸的都是別人，所忙的全是外事，因此那股母愛情深的熱勁兒，就慢慢萎廢沉寂，到五十而還慕父母的，怕只有大舜了。母親尚且如此，何況超乎象外的本源。因此這證源的效應，便不能像「壯盛」「充實」那樣反應靈敏，隨時兌現了。卽令能夠「感而遂通」有所表現，但反應的情形，也難同其敏銳，深淺一般。卽以前述「祖國同感」爲例，這總是人所共認的事實吧，但是我就懷疑：那些冷漠無情，而又不愛國的人，會能湧生此感。反之，愈是愛國的，愈是熱情的，就愈從心眼裏相親相愛，共廻祖國。同樣的，人對本源的低徊證嚮也如此。借用一個佛學術語來說明，愈是上根利器，勤加修持的，就愈能感受到。我們不能根據感覺遲鈍者的經驗，來抹殺其存在，反之我們應該勉勵和輔導人們去認知這種情況，以至擁有這種感受，甚至當作一種工夫來切磋修鍊。

總之，不論是上根利器的生知安行，還是平凡人的困知勉行，只要眞能體悟到本源，那不僅可將空虛渺小、孤寂失落等等衰情一掃皆空，而在另一方面會有一種至高無上的歸屬感，絕不是安逸得所，回到老家等世俗快感，所能喻解的，這時我們可以深深體會到老子所說：

「歸根曰靜，是謂復命，復命曰常」

的意味，而很自然的可以達到孟子所說「萬物皆備於我」的境界。「我」只是一個渺小的個體，何以能備萬物？祇因「我」的形體雖是有限的一份，而精神上已與宇宙大我渾融爲一，息息相通；無物非「我」，「我」亦無非萬物，自然達到所謂天人合一的境界了。此時眞將是，「人非人」、「我非我」、「我亦人」、「人亦我」，藉用一句陶淵明的詩辭：「此中有眞味，欲辨已忘言」，既與宇宙融渾爲一，還有何辨何言？

徐炳昶先生有句名言：「酒出於酒槽，而不是酒槽」，那已經起了質的變化了。恕，本是人我際遇間，一種應有的態度，但在激盪昇華後，卻帶來受用，成爲修養，甚至因「人」而喚起同天證源的境界。用徐先生的話，這早已是酒而不再是酒槽了，在昔孔子便說：「強恕而行，爲仁莫近焉」，豈僅是「爲仁」而已哉，簡直就是一股超凡入聖的大道麼！

㈣大　化

上面這「壯盛」、「充實」、「證源」，都是基於人我相通，而對宇宙本源的一種嚮往，那就是「一」之慕「全」了。但「一」固慕「全」，「全」也孕「一」，彼此原是交相作用的。我們站在「人」的觀點來看「天」，固有種種企慕證嚮的動向，而從另一角度，站在「天」的觀點來看「人」，也有種種景象，並且還是更重要、更基本的景象。我們若把人比作電器，其所以能壯、充、證、鳴，首先且問這「能源」是那裏來的？那不都是宇宙本源在背後的發動麼。這股力量，雖是視聽不可捉摸，卻宏碩無朋，是一切動向的主因。禪宗有話：「春至百花生，鶯啼柳樹上」。北方冬天嚴寒，原野一片枯寂，而春天一到，草木萌生，百花一齊競放，這不清清楚楚的告訴我們，後面有一種總的推動大力嗎？你能因爲看不見就否認嗎？同樣的，人之能壯充證鳴，也正是背後有這麼一股來自本源的「春力」。「人」若是電器，宇宙本源便是總的發電機。只有發電機給充了電，電器才能發動作用，有所表現。

這宇宙「春力」，不僅給人充了電，使人人自行活動，並且還直接導化人們的發展，使人們在這春力的絪縕鼓盪下，彼此發生極端複雜的微妙關係。就好像一個爐鍋，人們本是豆米雜糧各成一品，但經它一煮，熱了，熟了還不算，而且每一粒豆米都會發出各自的穀香，交相浸滲形成一鍋美味的香粥。

從前管仲姬的詞：「你泥中有我，我泥中有你」。泥雖互涉，但泥仍然是泥，不過聚集一起而已，現在若把「人」比作這粥中的豆米時，卻不是泥與泥的堆聚了，在這粥鍋的大力熬煮下，豆米不僅發出穀香而「成己」，並且彼此融渾互成，發生了微妙的涵涉關係。——所謂「成己」是說因人觸發把那潛在的穀香引出，而圓滿的完成了己身應有的性徵。試問吳清源若生在非洲林野之區，又那會展露蓋世的棋藝？韓信要不是雄兵在握，面對悍敵，又怎能顯出「多多益善」的帥才？這些才藝原早已潛存在體內，卻因人我的激盪，才能發出幽香。這些事還可說是「身外之物」，列於錦上添花之林；有些人們必不可缺的性徵，也無不有待友體的相吸相引，而後完成。女人就是女人，但要把「女」之所以爲「女」的性徵功能發揮出來，卻只有面對男人；否則只將是「人」而不是「女人」。同樣的，男人又何不然？這不充分說明：因「人」而才成「己」嗎？

光是「成已」還不稀奇，而就在這大力烹煮下，已把人我交融到了不可分割的地步。從軀體看，固是一個一個獨立的單位，而在生命上卻早已是：你生活在我的生活中，我也生活在你的生活中。廚子一天到晚給人作飯吃，而也就在給人作飯中，吃到了他自己的飯。孩子們的生命全靠媽媽撫育照管，而這一連串活動，就構成了媽媽生命的內容。難道這還不是微妙的涵涉關係嗎？

在這裏我們要再一度的指出，所有「壯盛」、「充實」、「證源」，都是對宇宙本源的體證嚮往，而這裏所講的，卻是宇宙本源對個體所生的作用。主客關係，判然不同。前者只是個人的自我感受，而後者的鼓盪結果卻產生客觀具體的複雜關係。譬如禪師修持，不論他證悟到什麼程度，終是他自己一個人的修養境界，自己一個人的感受領會，甚至不能把這感受傳遞給別人來分享。而現在這宇宙春力卻能導使人們生出前所未有的事象，乃使人與人的聚集，已不再是「一加一等於二」了。仍以前例為喻，每粒放香的豆米，不僅互含着別粒的穀香，而聚煮一起，會熬成美味香妙的八寶粥。

人類太古洪荒時，原是渾渾噩噩，與禽獸生活無別，今天竟然開發出如此輝煌的成就，其故就全在此；而「恕道」的作用，也昇華發展到巔峯了。

㈤立人

綜觀前述，足見天力之無窮，天道之偉大。人之踐履「恕道」，行爲雖出於己，本源實承自天。尤其在天道的絪縕鼓盪下，更是成熟了小我，創發了共業；眞使我們要讚歎：「大道氾兮」無所不在，須臾莫離了。——但在讚「天」之餘，我們也要替「人」說幾句公道話。天雖偉大，人也不是沒有他的千秋，這只要與其他動物一比就行了。

天道雖大，卻非獨私於人。誠如荀子所說：「天行有常，不爲堯存，不爲桀亡。」何以別的物種不能秉承天道有所作爲，而獨人能有此輝煌表現呢？事實勝雄辯，能不承認人之卓越麼？譬如孔子行教，同樣的啓誨，卻有的人舉一不能反三，而顏淵獨能聞一知十；而人類比起其他物種，就正是這樣了。「人爲萬物之靈」實在不是一句空話。

人之「爲萬物之靈」處，不止是能獨承天工，發揮運作。尤其可貴的是：有意志、有選擇，而非一味的盲目承受，純然的動其天機。許多可此可彼的事，人會選擇他認爲應該作的而去作。所謂「是非之心人皆有之」、所謂「知善知惡是良知」，就正是這種關頭了。明是非、別善惡，已是可貴，而更可貴的，是能根據是非善惡樹立自己的理想，去爲這理想而奮鬪——包括消極的改良現實，和積極的創闢更美更善的景物。——在這種情形下，「人」就不是純乎被動的受「天」導演了。「人」本是依「天」而生，承「天」而作。現在卻反轉過來，對「天」有所回饋，而盡一些葺補助益的蚊虻之力，甚至能對天道有所美化。中庸第二十三章說：

「唯天下至誠，爲能盡其性。能盡其性，則能盡人之性。能盡人之性，則能盡物之性。能盡物之性，則可以贊天地之化育。可以贊天地之化育，則可以與天地參矣。」

這眞是一段氣度磅礴的話，說明了人道的極至。——盡，就是充分發揮。盡其性，就是充分發揮人之善性（而不是良莠不分，盲目的一概發揮），而使天所賦予的美德良質得到應有的成就，盡到了應有的功能。「君子己欲立而立人，己欲達而達人」，我們果眞獲得了這種成就，就天然的會要成人之美，而去幫助別人達到同樣的成就，那就是「盡人之性」了。大家都能把美德良質發揮出來，那就衆擎易舉，羣智齊奮，而能利物濟器，把器物應有的美好性能完滿的發揮出來。物，是天之所生，本該完美，但實際的東西每每有憾。譬如西瓜本該香甜、玫瑰本該嬌艷，而事實上瓜每不甜、花有不嬌，於是我們便施肥育種，多方培植，瓜使其甜、花能競艷，以發揮瓜花應有的美性。這時從小處講，自是用我們的知識技能來培育物種，產生美品；但從整個宇宙看，我們就是在作「天的未完成工作」，這就所謂是：「贊天地之化育」了。——人，本與萬物一般，都是「天地」所生，現在竟脫穎而出，替天行道，贊天地之化育，那豈不是升高越位，而與天地分庭抗禮了嗎?中國人一向標榜天地人三才，就是這個道理了。到了這種地步，就宇宙來講，我們有權利自詡「與天地參」，而就人來講，實在是大大的發揮了「人」的功能，充分的表現了「人」的存在。

「人」的功能並不止此，而還更有其勝境，那就是要更進一步去美化宇宙，爲天地立心。中國一向有女媧煉石補天的神話。這雖是荒誕不經之說，但觀過知德，在這荒誕不經中，卻透露了中國人的凌雲壯志，表現了中國人的氣魄宏偉。何況就理智上講，這也是應有的一着棋呀！須知任何現實的事物，都難盡善盡美。天地雖大，終是形下之物，又怎能沒有不完滿之處。而這不完美處，除了我們「人」去給他補，還有誰來補？這是我們分內的事，我們能看着我們的「母體」有缺失，而袖手旁觀嗎？我們當然要盡其在我，奮起去煉石補天，勿負天之生我，天之生「人」。天的奧秘究竟怎樣，非我們所知，但從科學的角度來看，應該是中性的；無意志、沒感情。老子不是也一再說：「天道無親」、「天地不仁」嗎？但是我們卻要廻天轉地，設法能使天地與我們和諧，相親，共吐祥秀。我們深信「人能弘道，非道弘人」，我們盡誠竭力，要使這冷寞的宇宙有意義、有價值。張載說：「爲天地立心」。心，能否立得成，非我所知，但就在這立心的奮進中，來盡我們的「人」的使命，表現出我們「人」之所以爲「人」。

大有爲的政治思想

——從「三民主義統一中國」到「三民主義領導世界」——

一、前　言

海峽兩岸三十年的對比，證明了共產主義的錯誤不通，和三民主義的健康正確。有道是，事實勝於雄辯，共產黨儘管最善宣傳，但在事實的鎭攝下，也失去了高喊赤化的勇氣，退而要講什麼「一國兩制」了。反之在海峽的這一邊，卻大聲疾呼，要以三民主義統一中國。一退一進、一守一攻、強弱之勢至爲明顯。尤其妙的，共黨不僅公然喊出：「經濟學臺灣」，並且在其十二屆三中全會正式通過；「關於經濟體制改革的決定」，這在實質上不就是在實踐「三民主義統一中國」了嗎？從思想鬪爭的角度論，中華民國已赢得了這一仗。

眞理是最公平的裁判，這一勝利雖是中國人的家務事，但其所以致勝，則是眞理的反映；在眞理的衡測中，說明了何者是應行可行的大道，若把人生比作一個大實驗室時，這三十年的對比就正是一場沉痛的大試驗。在試驗中我們發掘出眞理，證明了眞理之所在，這雖是試驗室中的結果，而性能效益則是普遍性的，那也就是說：這一對比的結論並不以海峽兩岸爲限，而是普遍的給世人提供了何去何從的明燈。使人們知道了共產主義帶來什麼樣的後果，尤其會使西方人發現有一個健全宜人的三民主義，多年頻傳，「光明來自東方」，這是否就是來自東方的光明呢？

正唯如此，我們應該把三民主義推行於世界，我們不僅要「以三民主義統一中國」還要更進一步的宣揚三民主義的勝義，發揮三民主義的功能，而向「以三民主義領導世界」的目標而邁進，這絕不是自我陶醉、一廂情願的幻想，須知：

一、眞理是超國界的，在中國能行，別處當然也能行，至少也有參考憑藉的價値。

二、三民主義雖產生在中國，卻是承襲西方之思潮，本來就有一半以上是西方的東西，當然可以回流。它對我們說，是現代化，而對西方則是黑格爾正反合的「合」。

三、尤其三民主義所蘊含的大同思想，正爲今日世界之所需。今天世局動亂，甚至瀕臨人類毀滅的邊緣，徹底解決之道，唯有仰賴我列祖列宗一脈相傳的大同思想。我們應該勇敢秉承中山先生「以進大同」的遺訓，推行三民主義，來從事領導世界、解救人類的問題。這是我們的責任，絕不因當前的處境不順而推諉。

孟子說：「以力假仁者霸，霸必有大國。以德行仁者王，王不待大，湯以七十里、文王以百里。」國民政府不是以廣州區區彈丸之地，統一了中國嗎？梵蒂崗那塊小地方，不是領導了全世界的天主徒嗎？我們是以思想來領導，我們是以道義來領導。

下面我們便從三民主義的「世界性」、「卓越性」，以及世界對三民主義的急需性，分別說明。

二、三民主義的世界性

要是沒有鴉片戰爭，一直關著門過日子，我們不能想像會有三民主義的產生，這就很明顯的說明：三民主義雖生在中國，卻是紹承西方政治思潮的大流，若一覆按史實，則徵象昭昭在目，這要從近代西方政治主流的民主大潮說起。

二次大戰後，由於美國戰勝的關係（只要試想一下，假如是德國、意大利打贏了，情形將如何，其理便自明了），其所尊奉的民主政治便成了壓倒性的「眞理」（？）一切思想言論都以謳歌民主爲歸依。好像不談政治則已，要談政治，就唯有講民主才是唯一的正道，甚至把當前的時代稱之爲民主的世紀。而美國當然更是趾高氣揚，不僅自以爲是，居之不疑，並且還就拿這民主，特別是美國式的民主政治，來衡量與國，作爲賞罰裁判的標準，認爲民主是文明和進步的標準。民主當然是好事了，但居然能好到這種地步嗎?我們若冷靜的觀察一下，並不如此。不論是從學術研究，還是從歷史發展看，都大大的不如此。

民主政治起自古代希臘，那時也不過是歷史上一個局部性的善政而已，看不出有什麼超時空的意義。而其影響人類風靡一世，乃是法國大革命後的事。繼之以學者思想家們的鼓吹闡揚，各國政治家的爭相採行，乃使民主思潮達到了史無前例的高峯，但天下事很難有永遠完美無憾的，民主思潮又何能例外。因此就在這發展的高潮中，便暴露出許多嚴重的缺點及弊端，於是在十九世紀後期的政治思想中，大家對民主政治批評得體無完膚，其中有兩個最嚴重的致命傷是：

(1)民主政治是有錢人的政治——法國大革命後，平民雖從貴族、教士分得了政治，在當時算是達到了「政治平等」。但這所謂平民實是少數的富有之士，也就是後人所說的「小市民階級」，以及所謂「布爾喬亞」是。事實上也只有有錢的人，才有能力來從事政治活動，窮人則「救死而恐不贍」，那有力量去競選去問政。即或雖窮而有高見，可說服富人支持，這種情形是有的，但衡諸常理，富人肯支持的，都是對其有利的，而那些受支持的高士，鮮有不流爲其御用打手的了。因此就整個政制來講，實難免是「荷包政治」(即錢口袋的政治)之譏，而就個人權利講，若無經濟平等，則政治平等將只是句空話。

(2)民主政治是羣愚政治——民主政治人人一票，少數服從多數，看來非常合理，實際上則是賢者少，而愚庸者衆，勢必屈賢者而從衆愚。這在平素小事，還不關緊要，若在緊急危難關頭，豈不將置國家於萬刼不復之地。尤其這賢愚之別是天生具有的，卽令把所有的國民都培養成大學畢業，仍然有賢愚之不同。這就如我們用最嚴格的訓練，最好的老師，也不能使每一個學鋼琴的都變成李斯特，這些不賢的人，或雖賢而賢在別方，卻拙於政治。他們對於生活近事、地方興革還都能識辨，但對國家的百年大計，使命遠圖以及所謂「公共意志」（General Will）則無從知悉。卽令百般宣講，也無從體會。就好像有些人天生就無法接近音樂，天生就拙於繪畫一樣。不知不識還不要緊，更甚的是這些愚庸之人還往往會被黠者所利用，那就更危險了。

上面這兩大弊端，可說是民主政治無法解決的死結，因此遂使許多好學深思之士，對民主的嚮往減弱，進而謀求這些問題的補救和解決，這可說是十九世紀末政治思潮的核心所在了。

正因爲大家發現了民主政治的弊端，而認爲它不再是可資信賴的仙丹，於是一進入二十世紀，很快的就興起了三大主義。

(1)共產主義——一九一七年俄國十月革命，樹立了共產主義，共產主義雖是一八四八年就有馬克斯的宣言；但正式見諸於世，當然還要以列寧托洛斯基這班人的倡揭爲準。

(2)法西斯主義——意大利的墨索里尼於一九一九年三月正式組成法西斯黨棒喝團，而於一九二二年十月進軍羅馬（March on Rome），正式受命組團，取得政權。

(3)三民主義——民國十二年（一九二三）孫中山先生發表中國國民黨宣言，主張民族、民權、民生政策，嗣卽就此發表一系列的講演，成爲後所遵行的三民主義。

上面這三大主義，背景各自不同，政治的影響尤其複雜，但站在學術思想的立場來看，都全是十九世紀民主政治的廻響，也就是學術上所說的「反動」(Reaction)了，這一思潮大勢，並不因其發生的地點而有異。那也就是說：這三個主義，以思想的流變看，全是出自同一來源的孿生兒。尤其他們前後發生的差距不出七年(一九一七到一九二三)，能說是偶然的現象嗎！

因此，三民主義在我們中國人看來，自然是我們中國的，而爲我們所專有，但是放眼縱觀，它實是世界大事的一部份，一如共產主義與法西斯主義，它們都是承紹世界大潮而產生的，它雖生在中國而有強烈的中國性，並且中國人也專在強調這一方面，卻同時具有其世界性的意義，這不僅是以歷史的發展看是如此，而其實質的內含，也有充分的世界意義，這只要一看我們下文的陳述就明白了。

三、三民主義的卓越性

三民主義不僅是世界性的，並且是當今世界上最進步的政治主張，我們若說它是集中西古今之精華，絕不是自我陶醉，這只要一看人類文化發展的大勢便明。

大家公認，人類文化可分爲東西兩大系統，分別的各自發展了幾千年，西方社會在無盡的征伐治亂中，產生了一個可貴的理性表現，那便是「民主政治」，這民主實是無數賢者的智慧加上人們的辛酸血淚，奮鬪得來的，可說是西方政治的向上主流，三民主義雖產自中國，卻承襲了這一優良傳統，並改善了其弊端，可說是盡得西方的精華。同時也正因爲是產生在中國，又容納了中國五千年的優良傳統，這絕不是西方其他各種政治主張所能比的。下面我們便分列幾點，加以說明：

㈠取偏廢全的旁例

從上節的敍述可知：共產主義、法西斯主義，和三民主義雖然旨趣、境況完全不同，而以歷史的眼光看，卻全是來自同一的政治大潮。他們全都是針對著民主政治的弊端，提出一套新構想，來作推動政治的根本。從思想演進的過程看，都算是更邁進一步的表現。大體說來，共產主義的努力是在解除前一個弊端，而提出經濟平等的追求。而法西斯主義則在救治後一弊端，想使國家免於羣愚政治。而有高度的、有意義的使命發展，平心而論，不能說他們沒有貢獻，但遺憾的是，他們雖補救了民主政治某一方面的缺點，卻幾乎廢棄了民主政治所有的優點，特別是自由和人權。自由和人權乃是人類千百年奮鬪開發出來的光明成就，現在竟一筆勾銷，棄置不顧，而只以自己的一小點成就來炫耀自喜，這不僅是舉一廢百，得不償失，並且根本就是把歷史拉著向後退。法西斯主義，隨著軸心國的覆敗而消失，不必提了。只看共產主義吧，自一九一七年革命後，蘇俄日漸強大。二次大戰後，吞併了多少國家，更成爲世界兩大巨強之一。但這一強大並未給他的人民帶來富裕康樂，反之，卻把整個國家造成一個巨型的奴工營。西歐幾百年奮爭的自由、人權，根本無從談起！他們公然倡言無產階級「專政」，在「專政」的標榜下，還談得到人權嗎？不容否認，蘇俄在某些技術方面有些成就，但多半是在既定目標下強迫督導而來的，很少出於自發自動的研究。全國人在經濟平等的目標下，付出了不可計量的人生代價，而這「經濟平等」說句諷刺話，卻是「平等的受窮」，而非「平等的富樂」。這並不是我們帶著有色眼鏡去歪曲，只看他們自己人民的反應吧，二次大戰時俄軍整師整軍的投降（若不是希特勒殺降，恐怕會投降光了）。而個人的冒險犯難投奔自由的更是迄今絡繹不絕，索忍尼辛就是最有名的例子，其他實行共產主義的國家亦復如是，假如他們眞是一切平等幸福自在，又爲什麼要逃呢？有些人諷刺的說：他們要不是有鐵幕，那人就逃光了。

(二)補弊承優集大成

可是三民主義便大大的不同了。三民主義一方面致力於彌補民主政治的缺點，一如共產法西之所爲，另一方卻將民主政治的成果，照收無遺，而承襲了西方千百年來政治努力的精華，且看下面的說明：

(1)補救民主政治的缺點——

(a)有關「經濟平等」問題方面—— 中山先生倡導民生主義，要將社會革命與政治革命一次解決，都是要解決民生經濟的問題，而其平均地權、節制資本的主張，更是具體追求經濟平等的努力。

(b)有關「庸愚政治」問題方面——舉凡「政權治權」的劃分，「訓政時期」的設計，眞平等、假平等的辨別……等等卻是針對庸愚問題所下的藥，而其考試權的提倡，更是分別賢愚，擢才俊於廟堂的謀猷。

(2)承襲民主政治的優點——民主政治的精義就在：人人平等、天賦人權，而這種意識隨處流露於三民主義中，至於民權主義的建立，更是維護自由，保障人權的主張了。

由上面這些事實看來，可知三民主義既有共產主義、法西斯主義補偏救弊的功效，又承襲了民主政治的精華，縱不說是集近代西方政治思想之大成，但其爲近代最進步的政治思想則斷然無疑。

所有上面這些因素，站在人類文化的觀點，都是西方文化的產物，但在文化的領域中，還有另一支更悠久更重要的中國文化，今天世局雖是西方當行得令，可是不能因此就否定中國文化的價值，認爲中國文化中一無可取的因素。這就如人窮無勢，不見得就沒學問無品格，這恐怕是誰都不否認的眞理，而不是我們自我陶醉吧！中國文化不僅有極寶貴的因素，尤其在政治方面更有舉世無匹的高度智慧，只看世界上自古及今，政統一貫相承、始終自成體系者，除了中國外有那國？若無高度政治智慧，早就被「不斷的夷狄交侵」所淘汰了。——這些智慧，到今天爲止，西方還不能有效的承受，而中國人則在血液裏便潛存著這些因素，因此在中國產生，並且是由中國大思想家 孫中山所倡導的三民主義，便天然的含蘊著中國文化的精華，中國政治的智慧。例如前述的考試權不就是承襲科舉的善政麼？又如民生主義，「民生」的觀念雖來自西方，而民生主義的內容卻具有強烈的中國傳統的仁政精神，民本（「民爲貴」、「民爲邦本」）思想，至於民族主義中大聲疾呼要恢復中華民族的固有道德、標榜王道精神，這些都不是西洋任何政治主義中所具有的。

總觀上述，可知三民主義在思潮的演進上，它是超越了民主政治而更往前邁進一步的思想，從其內容講，則是集聚了近代西洋政治各種優點，而又融合了中國傳統政治精華，縱不是集中西古今之大成，至少也是近代最進步、最美好的政治主張，不僅那舉一廢百，專講仇恨鬪爭的共產主義不能倫比，就是早爲識者詬病的「民主政體」（按：民主政體與民主精神、民主原則不同）也無從共爭短長。

㈢沉埋未顯的原因

很遺憾的，三民主義這種優點勝義，竟始終闇然埋沒，未曾爲人道及，乃使這並世無匹的極品，在人心目中只是一個無足輕重的地方把戲，西方人自然不會獨具慧眼，特予推崇，就是中國人，甚至國民黨人，又有誰曾挺起胸膛，堂堂正正的在國際上宣傳三民主義？何以致此？主要是由於下面兩種原因：

第一、沒有來得及發揮——一個多才多藝的人，絕不能使其所有才華，同時出籠，一齊展現，而其亮相炫世的，一定是由於環境的引發，反之若無外緣，便往往深藏不露，鮮爲人知曉了。三民主義的情形正復如是。當時 中山先生的處境，可說是焦頭爛額，掙扎圖存。三民主義雖有其高遠的構想，極宏大的內含，但俗話說：「火燎眉毛顧眼前」只有就其與當前與問題有關的加以宣講，至於那些世界性的勝義，實在是一時無從談起，眞個是「便有千種風情，更向誰說？」，尤其剛剛起步，還未走上路，而這一三民主義的創始人竟猝然去世，多少要講的話，全都胎死腹中，而他後繼者面對的問題，又是一連串的北伐、抗戰，救亡圖存，戎馬倥傯，當然更無暇及此了。

第二、次殖民地的心理——今天的世局，不容否認，是以歐美爲主流。借用馮友蘭「辨城鄉」的譬喻，從前我們是城裏，四夷外邦全都是鄉下。從思想到世局，一切是以我們爲中心。鴉片戰前，英國派使臣來談判，我們認爲人家是來進貢。今天別人家是城裏，而我們卻變成鄉下了，我們的一切自然都成了「鄉下土物」，不再能與城裏的東西相提並論。最要命的是，思想心理已落次乘，成了亦步亦趨的附庸，我們一百多年來，可說全受的是西方敎育，學的全是西方的東西。因此不知不覺養成一種心態，一切都以西方爲準則。甚至思想也都是習用西方的思維方式。在這種情形下，一切西方的原裝貨，都自然感到親切而有敬意。反之，凡是土物土貨，先就具有一些「接受的不習慣」，縱令基於血緣鄉情，而生愛慕，但終有些「吾斯之未能信」。私底下彼此恭維還可以，若要堂堂正正的拿到檯面上來，卻缺乏勇氣。這就所謂是「次殖民地心理」了。這原是一百多年文化教育演變的自然後果，誰也不能怨誰。但在這種心理下，試問怎會想到自己的三民主義中，還有比洋人更好的東西，更怎能有勇氣面對着洋人叫他們來信奉三民主義。

正由於上面這兩種原因，所以三民主義便始終一如和氏之璞，雖蘊美玉，而被人看成是塊石頭了。可是，我們知道這塊石頭裏蘊含着舉世無匹的美玉，我們不可使它長埋受屈，而是應該闡揚出來，公諸於世。

㈣卓越無匹的見證

我在大學時學的是政治思想，今天的職業是教哲學，我深深知道三民主義是當前最進步、最良好的政治主張。我不隸屬於任何黨派宗教，自信是客觀公正的認識，並且可自詡是「職業的鑑定」。世界上任何人若不同意我的看法，或歪曲三民主義的價値，區區不才願意根據學理（而不是根據愛國偏見）與他辯解到底，而我之所以如此熱心，不僅因爲三民主義本身美好，而更重要的是三民主義所含蘊的「大同思想」。而這「大同思想」實爲人海的明燈，且是解救人類今日問題的不易大道。

四、三民主義爲今世所必需

(一)全面性的世界問題

所謂「大同」，簡單的說，就是要「天下一家、和美共處」，這在往昔，只是一個理想，而在今天則爲人類所必需。

何以說是必需？從前人類散處四方，關聯鬆散，只要沒有戰伐侵掠，每個地區都可以關着門過他自己的生活，自由自主的處理自己的問題，但今天卻大大的不同了。由於科技的發達，交通的進步，全世界的人類已經無遠弗屆，緊聯在一起，彼此關係複雜綜錯，利害相通已到了牽一髮而動全身的地步。你不找別人，別人的影響會落在你頭上。一九七三年十月中東一聲石油禁運，立刻嚴重的影響到全球，便是明證。——因此這時，非天下一家和美共處，非彼此全面的善意合作，任何一個地區都不能有效的解決自己問題，有效的謀致自身的福利。至於許多共同攸關的公益公害，就更非要徹底合作，便無法推行了。例如通郵、通航、電報、電話、防疫、緝私……那一件，缺少了合作能行得通？尤其重要的是和平安全問題，在昔便有「和平不能分割」的名言，於今更是百倍爲厲。非「天下一家，和美共處」，無從保持安和。從前發生戰爭，多半能就地解決，那裏打，那裏了（動詞）。現在則星星之火，豈止燎原而已。更嚴重的是，今天武器精進發達，威力已到不可思議的程度，一旦眞個引發了大戰，則「人類毀滅」不再是危言聳聽之詞了。更令人感慨浩歎的，今天不僅戰爭可以毀滅人類，甚至像核子的盲目試爆、空氣河川的汚染，生態和諧的破壞，以及科技的誤用……在在都能把人類導向毀滅之途。

由上可知，所有上述這些問題要想得到解決，不論是通盤籌劃共同利益，還是免除互尅互害的災難，先決的條件就是要「天下一家，和美共處」，否則一切無從談起，甚至可導致人類的毀滅，這就是我們爲什麼說：「大同今天爲人類所必需」了。

(二)西方的茫然

上述這一嚴重性的世界問題，不容否認是由西方造成的。俗語說：「解鈴還須繫鈴人」，西方理應承擔此擔，負責解救此一問題，何況今日世界重心在西方，也只有西方才有強大的解救力量和威勢，但不幸的是，西方繫鈴則有之，而要解鈴則是一片茫然，不知如何下手。那也就是說：在西方文化體系中饒具造成這一問題的勢能，卻很難找出解決之道的有力因素，而也就更難抓住要點，提供全面解救的大道了。

1. 從文化根源處說

世人公認：在個人、家庭、國家、天下四個階層中，中國人對「家」與「天下」認知的親切，而「個人」與「國家」則是西方有更深更多的了解，因此也就在這方面有着卓越的表現。就「個人」說吧，從天賦人權、自由、平等，尊重隱私（Privacy）直到「個人主義」眞是把個人之爲個人發揮到淋漓盡致，絕不是我們東方人所能想像的，而在「國家」方面更有突出的成就。「國家」在往昔不過是人民團聚的實體，效忠的對象而已，並沒有什麼具體的觀念。譬如以前中國老百姓完了糧納了稅，就過自己的日子了；大家只知道有朝代，什麼是國家？則極模糊，但西方便不同了，尤其近代國家興起後，個個國家都是不可侵犯的主權實體，誠如史學家威爾斯在《世界史綱》中所說：國家已成了人們狂熱讚拜的幽靈，一切爲了國家。國家的權益不容侵犯，國家的榮譽不容瀆褻，甚至爲了國旗不惜戰爭，如中法戰爭是乃使國家思想達到了前所未有的高峯，而形成風行一世的國家主義。

但等「國家」發揮到了高峯，而進到國與國密接共處的「天下」局面時，特別是二次大戰後，形成萬國同風的形勢後，西方便茫然不知所措了。何以會如此？那絕不是偶然，因爲：

第一、在西方文化中，大家從不曾對「天下」的局面有什麼構想和寄望。換句話說，就是普遍的缺乏「天下」的意識了。

第二、因而也就缺乏對「天下」的抱負，個人固然很少有以天下爲己任的（英雄豪傑們有建功立業的鴻圖，但那與以天下爲己任的意味不同），當國秉政的也就更沒有爲「全天下」作打算的。政治家們只知道謀一國之利，絕想不到謀「天下」之利，而去措「天下」於泰山之安。

第三、同時也不知道如何才是「治天下之道」，甚至不知應該採取什麼態度。

這些點，單看西方也許不覺得，若和中國的歷史文化一對照，便非常明顯了。中國人自束髮受書、父以教子、師以教弟，便是要去修身、齊家、治國、平天下，而這平天下，便是大家追求的最終目標，而爲作人的極致，所謂內聖外王，就是要達到這平天下，使海內統一，共建一理想的國際社會。《大學》固然明確提出，而《公羊傳》的太平世大一統的呼籲，甚至一般標榜的「春秋大義」無不都是指向此一目標。這還都是講社會倫理的儒家，甚至道家也同樣的不能忘情於此，老子《道德經》是道家最主要的經典，你能想得到在短短的五千一百八十字中，提到「天下」有五十五處之多，而講經略「天下」的有十一個地方嗎？——可見中國人對天下如何的嚮往與重視。

把這一天下一家的理想，制式化、口號化，便是《禮記》禮運篇中的「大同」了。這一大同思想爲中國人普遍的嚮往，自古迄今一直不衰，甚至一個普普通通的老百姓都艷稱「大同」，儘管他對大同的內容所知有限。舉個有趣的例證，民國六十九年版的臺北電話簿中，商店行號以「大同」爲名的竟有一百一十四家之多，未載在電話簿中的尚不知有幾，由這一小例，就可見中國社會對大同嚮往的一斑。

這樣一加比較，豈不清清楚楚的說明西方在天下這一問題方面非常缺乏落後，至少也是不太發達吧！

2. 從當前的事實看

現在再從實際的情況來討論

如前所說，今天的世局以西方爲重心，只有西方的大國才有資格經綸世界，而在這方面顯然使我們失望。

二次大戰後，產生了兩個具有左右國際大勢的強國，便是美國與蘇俄，俄國在戰後第一件事便是併吞波羅的海沿岸的國家，然後顚覆、蠶蝕、滲透不一而足。並且公然屠殺匈牙利，進佔阿富汗，直到最近擊毀韓航客機，蠻橫無以復加，簡直是以近代的知識技能，肆行原始野蠻暴行，倒行逆施，使人類文明蒙羞，根本不值一提。再看另一超強的美國，美國大體說來總還是力爭上游，想負起領導責任的國家，但是想作卻不知怎麼做，既無傳統的指導思想，又無可參照的歷史背景。面對着這突然出現的「天下」局面，簡直不知如何來領導，甚至不知向大家要求些什麼。我們試一分析戰後美國的行徑，除了絕大部份仍是承襲其維護自國的「實際政治」（Real Politics）之外，不是叫人家學他的兩黨政治，便是喊些「人權」、「自由」的口號，我們眞不知道：這與維持國際和平有什麼必然的關係，不客氣的說，這都是些不相干的話，別人脅於聲勢不得不敷衍而已；若是反唇相譏，「我們採行什麼政治，講不講人權，管你什麼事，這不是干涉我們的內政嗎？」——至於實際的行動，不僅不能負起止暴定亂的領袖責任，甚至不能維繫其強國大國的形象，眼看着蘇俄進兵侵略匈牙利、阿富汗，袖手旁觀不敢作聲，那還可說是人家的事，而一個三等小國伊朗，把自己大使館的人員全部扣押拘禁，竟然不知如何對付，這還能作領袖領導大同事業嗎？

近代西方也曾有過國際聯盟和當前的聯合國，這雖不失爲針對「天下」局面的好構想，但由於文化背景的不夠，宛如一株鮮花種植在沙漠中，無法滋養培育，大家旣沒有普遍的「天下」認識，更沒有能負起領導責任的國家，一切空具外形，而無補於實際。大家討論的是天下的問題，所爭的卻全是各自本身的利益。乃使大好理想的國際組織竟成爲舌劍唇槍，縱橫俾闔的戰場。

這些事不是明明白白的表現了，西方社會對「天下」局面的茫然麼？

3. 文不對題的號召

整個一部西方政治史，可說是從奮鬪中形成的，包括其政治理想的樹立，它的良法善政，無不是從實際政治的抗爭比競中來的，甚至是由各種政治勢力互相激盪而產生。不僅「自由」「平等」這些可貴的口號是由階級壓制、社會桎梏中迸發出來，就是民主的善制，承自古代希臘，但眞正落實而彰顯，仍是來自英國一二一五大憲章以來的爭議和美法革命的衝激。而那些孟德斯鳩、洛克的政治理論，也不過是實際政治的描述與美化而已，像這樣能由實際的擾攘，脫化昇華出高貴的道術，自是難能可貴了，但是卻顯然缺少預先提供理想的遠見，在這種文化背景下，一旦面臨了前所未見的「天下」局面，當然不知所措了。不知所措，但是還要作，因此便只有拿一些熟知的口號，自由、民主、人權……等來號召了。那當然文不對題了，因爲這些都是由過去問題所產生的最佳結論，卻不是針對當前局面的良好設計，好比一套配合老房子精心設計的傢俱，能否陳設在新購的華廈中，實是大有問題，何況這還不是消極的靜態陳設，而是要積極動盪的去解決問題，我們姑且不談理論，只就事論事來說，你相信今天世界問題的癥結是在不民主、不自由、不平等……麼？你相信今天只要作到民主、自由、人權……等等，世界的問題便解決了麼？以房子爲喻，所有民主、自由、人權……等這些問題好比是講房子的分配、隔間，以及佈置、裝飾等等，而今天的問題卻是整個房子要倒塌崩潰。那就是說今天人類已面臨毀滅危機，還不止動盪不安而已。

(三)急需的解藥——三民主義

或者說：西方對當前的問題感到陌生而茫然，這只是過渡的現象，稍假時日，終必會找出該走的路，一如其過去之能在擾攘爭競中找到辦法，甚至還能產生昇華的成就——就常情講，這話自是不錯，但今天的情形卻與過去大不相同了。第一、今天我們面臨的世局是全面的，並且嚴重到瀕臨人類的毀滅，這絕不是過去一國一地的興衰得失之所能比。第二、演變的步調急速猛進，危害的程度更是愈來愈深，等你還未摸索到辦法時，恐怕早已「索我於枯魚之肆」了。

我們今天要以救火的精神，來搶救當前的問題，愈快愈好，愈動手早，損害愈少，不能再竚候摸索。我們要立卽採行「提供辦法的主張」，就好比牙疼得要命，不能光買些消炎藥、止痛藥，慢慢的試，而要立刻去找牙科大夫，這「牙科大夫」是什麼，就是　孫中山先生所倡導的三民主義，因爲它裏面含有「治這牙疼的藥」，那就是它的大同思想。三民主義就其世界性而言，它也一如歐美西方所產生的各種主義，但就其產生在中國而言，卻又承襲了爲西方所無的「天下傳統」，那便是中國所特有大同思想。如其說是摸索，則中國人早已摸索出了線索，知道面對着天下的局面，大家應該如何相處，應該順着什麼方針去謀求天下的安和，這是四分之一人類五千年的經驗與智慧。這是人類的文化財寶，我們不容放棄，我們要利用它來救治當前的問題，我們縱不敢保證一定就能如響斯應，立即有效，但至少總會大大的縮短我們當前「摸索」的途徑。何況迄今爲止，除了共產主義是要赤化全球，要使人類陷於貧困桎梏狀態那不能算數外，還沒有任何一個主義是堂堂正正的面對全天下有抱負、有主張、有作法的，因此三民主義不僅爲今日之所需，並且是沒有選擇餘地的唯一大路，至於這大路的內容詳情如何，且於下文說明。

五、三民主義與世界大同

我們所以說：今天必須採行三民主義，就是因爲它具有全面挽救世局的大同思想，這一思想的旨趣如何，以及何以會有此思想，我們下面分數點說明：

㈠歷史的傳承

在並世諸般主義學說中，何以獨有三民主義具有大同的思想，這顯然的是承襲了中國的歷史傳統。一九六〇年（民國四十九年）三月，中央圖書館贈送美國聖路易華盛頓大學一套二十四史，在贈書典禮中，我代表中央圖書館致詞道：

「現在美國是近代世界的領袖，這對美國說，是一個全新的經驗。但在中國則擁有豐富的此種經驗，特別是在漢唐兩代。當然，那都是老事，但正如諺語所云：『太陽下面沒新事』，變的只是表面，本質則永遠相同。」

豈止漢唐，遠在三代時我們便有「協和萬邦」（《書經》堯典）、「萬邦咸寧」（《書經》大禹謨）、「柔遠能邇……蠻夷率服」（《書經》舜典）……這些經綸天下，維繫國際的思想，這還都是遠古之事，不免有些浮光掠影，到了春秋戰國之際，史實具體，記載明確，更是提供寶貴的經驗與教訓。就現在來看他們活動的範圍不過東亞一隅，但從當時的情況來論，卻是一個完整的國際社會，是當時的全世界、全天下。在這個世界中，每個國家都自成一個單位，有其獨自的活動，但聚在一起則有其共同的配合，包括彼此相接的軌範，和共同活動的目標，而周天子便是這一世界的樞紐，負責維持這一全面秩序，這一情況在春秋之前幾乎保持了四百年，降及春秋之世，周天子衰微，王綱敗壞，但霸者興起，代行王道，秩序雖不如前，而在奮鬪經營的過程中，卻更突出了國際問題的意義，更彰顯了王道的精神，同時也更具體的帶給我們一些教訓。

伴隨著上面這一國際共處的史實，還產生了指導的思想，諸如「春秋大一統」、「春秋大義」……等都是後人的想像與標榜，我們不必去提，但儒家確有平天下的思想，並把平天下樹立為君子修身的最高目標（所謂內聖外王）則是確然不疑的事。大學中的八條目不用談了，而中庸九經中第八柔遠人第九懷諸侯，不都講的是平天下嗎？不僅要我們平天下，還具體的告訴我們怎麼作。「送往迎來、嘉善而矜不能，所以柔遠人也。」事理簡單，用不著多講，而其「繼絕世、舉廢國、治亂持危，朝聘以時、厚往而薄來，所以懷諸侯也。」短短的幾句話，道盡了領導萬邦協和的精義。「繼絕世、舉廢國」，是扶持各國發展，使其都能良好的存續下去了。「治亂持危」，是戡暴濟弱，維持國際秩序了。「朝聘以時」，是交往溝通，保持和平的關係了。而「厚往而薄來」更是提供了「以大事小」誠意相處的基本態度，所有這些教訓，並不是書本上的空話，而眞在不折不扣的指導中國實際的政治，直到清末為止。我們可拿一八一六年給英使的詔書作一個具體的證明，這詔書是在鴉片戰爭前二十四年，書中所言，從今日的觀點，簡直顢頇無知到令人噴飯，可是觀過知德，卻百分之百表現了中國傳統的教訓。詔書中說：在「貢物」（？）內只收了地理圖、畫像、山水人物，而卻「賜爾國王白玉如意一柄、翡翠玉朝珠一盤、大荷包兩個、小荷包兩個，以示懷柔」，這不僅充分表現「厚往而薄來」的精神，並且所用的詞句都是中庸文中的「懷」與「柔」，尤其妙的，在書末叮囑英王的是：「爾國王其輯和爾人民，愼固爾疆土，無間遠邇，朕實嘉之。」那就是說：只要你好好治理你的（而不是「我的」）人民、好好保衞你的（而不是「我的」）疆土，我就高興了，這簡直是老公公對自己兒孫的態度麼，唯有本著這種態度來領導萬邦，大家才眞能以誠相見，共致太平。

上面這些事實淸淸楚楚的說明：中國過去在「天下」方面有著多麼豐富的經驗，採取了多麼正確合理的態度，這幾千年的往事，能夠毫無後遺作用，而對後代毫無影響嗎？有之，那便形成了三民主義的歷史背景。

(二)明確的號召

在這種文化背景下，三民主義之含有大同思想，當然是意料中事，何況其創始人 中山先生又公認是融滙古今中外的大思想家。他儘管面對的是國內紛爭混亂的局面，但絕不因此忽略對「天下」的主張和抱負。任何研讀三民主義文獻的，都可發現一股強烈的大同精神，民族主義第六講中，就明白的告訴我們要：

「成一個大同之治」

中山先生在黃埔訓詞，也就是現在我們的國歌中，一開首就說：

「三民主義……以建民國、以進大同」

而不明明白白的詔示：三民主義的終極目的就在實現「大同」麼，中山先生晚年總喜歡題寫禮運大同篇那段文字，這段話正是象徵我們傳統的經典，在無數古籍中，單單只寫這篇，其胸中的懷抱是如何，便不言可知了。 中山先生還不是關著門講講大同，而自我陶醉，他硬是要認眞的推行大同到世界，以用我們的王道來拯救世界的爭亂，他在《實業計劃》自序中，公開表明自己的目的是要：

「……以化彼競爭之性，而達我大同之治」

試問還有什麼比這更清楚的表示。

但可惜當年的處境不對，講大同，是要向國際上講，而我們自清末以來，國勢早已淪居下風，失去向世界發言的聲威，再者 中山先生是實際的政治領袖，而不是空研理論的書生，他所面對的是國內統一問題，他所面對著要解決的事實，是軍閥暴力的橫行，包括陳烱明的叛變，誠如諺語所說：「火燎眉毛顧眼前」，在這種情勢， 中山先生當然要用全力應付眼前的現實問題，而無力也無機會來宣揚大同的勝義，尤其遺憾的是，正在國內問題緊鑼密鼓中，而他竟突然逝去，乃使一肚子有關大同的話都未能發揮出來，以致在今日三民主義文獻中，大同的言論竟是極少的部份，甚至少到使人忽略了這一問題。

㈢賡續的闡揚

中山先生的逝世自是大同之道的嚴重損失，但大同的思想卻不因其逝世而消逝。就好像儒家思想不因孔子之死而不存一樣。須知大同思想是一種眞理，又是我中華民族的傳統智慧，就其爲眞理言，自有可遵循的理路，供人研究發展，就其爲我傳統智慧言，則我全部聖賢的教訓，都是我們憑藉汲取的資源，包括　中山先生一再倡導的禮運大同篇，因此　中山先生雖生前未能盡所欲言，但並不窒息後人在這方面的發掘與展獲，何況他還給了我們許多寶貴的啓示，我們這些後繼者，自當循序邁進，不僅要把　中山先生要說沒說的話說出來，還要超而越之，把大同思想本身的精義徹底發揮出來，一如要把當年那「驅除韃虜、恢復中華，建立民國、平均地權」十六個簡單的字，發展成三民主義。

尤其在時代方面講，更有責無旁貸的需要。我們上距　中山先生講演三民主義時，雖只短短的六十年，但這六十年卻發生了不可思議的巨變，誠如羅素所說，在他小時候騎輔腳踏車，大家稀奇的圍著看，到他晚年，人類已是登陸月球，試問這是多麼大的差距？六十年前大家還是散處各方的局面，對大同只是嚮往而已，還沒有眞實的迫切需要。那時　中山先生未盡其說，還無大礙，但在六十年後的今天便大大不同了，這時已是萬里同風，關係密接，具備了大同世界的雛型，而大同之道已成了維繫世局的不二法門，我們必須及時推行，以應當前人類的需要，這是我們的責任，我們面對艱危的世局，應該奮起以謀匡挽，我們上承祖聖先賢，應該把這大同的傳統智慧發揚光大。

有好的商品還要有好的推銷方法，有良藥還要人家肯吃。爲了使世人了解這大同的勝義，而肯推行，我們必須先要有一套能使人接受的現代說法，不能向人家一味拿出「大道之行也……」那套老古董。比如說：「壯有所用」我們就要發揮它那「人人有工作的權利、人人要能各盡其才」的意義。「幼有所長」，就是人人有受教育的權利，國家要盡其培育人才的功能，「貨惡其棄於地也，不必藏於己」，就是說要地盡其利、物盡其材，有良好的經濟發展，而這一發展，乃是爲了社會，而非爲一己之私，這正是三民主義的民生主義，而不是資本主義。

不僅用現代的語言介紹闡揚，更重要的還要本著大同的旨趣，針對當前局勢提出一套具體有效的辦法，使此一套辦法，構成爲三民主義的一部份，唯其有此一套，我們才能提供具體的服務，唯其有此一套，才能實現「以進大同」的目的。否則一切都是空喊，這套辦法的內容是什麼，玆事體大，非此處所能討論，但有一點可得而言的，這套辦法一定是活的，是有彈性的，絕不是一成不變的「標準答案」。尤其不可擬定一個固定敎條，強加在別人頭上，非行不可。縱使這方案盡善盡美，也要尊重別人的意願，不可使人有君臨奴役之感，而有失大同和諧的精神。最好是能鼓起大家的熱情，主動地參與硏訂和修正，那不僅更能適應各方的實際情況，而這種共硏共議的行動，就表現了大同的精神。

四 奠定理論基礎

還有一個最重要的問題，就是人心的動向。

我們今天要和美共處邁向大同，首先就必須要大家都能有此認識、有此意願，那也就是說要有其必備的心理基礎了。若都有己無人互相仇視，必欲得之而甘心，那就只有廝殺爭戰同歸於盡而後已；還談什麼和平，還講什麼大同？而要使大家都具備健全的心理基礎，都能和美共處邁向大同，那勢必就要弘揚孔子的「恕道」。

「恕」，從消極的角度講，就是「己所不欲，勿施於人」，今天從積極的角度講，就是要：「承認別人的存在，尊重別人的存在」。這不是一個普通的德目要求，而是人羣相處最基本的「善意共存心態」，缺乏了這種心態，大同便無從談起。

第一、人是社會動物，不能離羣孤處，就是在魯濱遜荒島上，他還要找一個福瑞德呢。大家既然要一起活著，便一定要承認別人的存在，尊重別人的存在。個人與個人如此，國與國之間也一定要如此。否則便只有打鬬爭殺、互相消滅了。須知人與人間是相生互濟的，「人」固然依「我」而共生；「我」也活在別人的存在中，若把別人都消滅了，「我」也無從好好的活下去了，譬如爲商，能賺盡天下的錢，自是最高的理想了，但假如眞把天下的錢都賺在你口袋中，那也就是你的工廠商店關門的日子了，因爲大家已不再有錢買你的貨，只有大家都有錢，你才有生意作，你的實業才能繁榮。同理，人與人，國與國也如此。明白這個道理，我們當然要「承認別人的存在，尊重別人的存在」。

第二、人際、國際，必有利害不能協調一致，而起糾紛者，親如兄弟，密如夫妻，還有時拌嘴呢。有糾紛不要緊，要能調和解決。而要和解那就要彼此都先「承認別人的存在，尊重別人的存在」，然後才能心平氣和的坐下來，共尋解決的途徑，否則便只有訴諸戰爭了。

第三、推行恕道，可以提昇人際關係的品質，而給現行社會制度賦予更深刻的意義。許多社會制度往往是激盪揉擠出來的，甚至是不得已的安排。這些制度、安排，我們若以恕道行之，不僅可以確保其「善意的發展」，並可賦予靈魂，使其成爲有生命的制度。例如「民主」，這是當今一致推崇的善制，但要推其極致，少數服從多數，骨子裏不就是「強凌弱、衆暴寡」麼！因爲少數並不一定錯，多數並不一定對，約翰穆勒（John Stuart Mill）不就舉出釘死耶穌、鴆殺蘇格拉底兩例，而指明那時全世界都錯，對的卻只是那一人麼？民主若要以「力的對比」爲歸依，不僅可以投票去殺對的，並且在力大雄世時，可以根本否定原則，拋棄民主於不顧。美國總是當今最講民主的國家了吧，他在越戰中可有屠殺全村的暴行。美國曾和印第安人簽訂了四百多條約，沒有一個條約履行過，而結果卻全是夷其地屠其族，得之而甘心。妙在從來沒有聽到批評不道德不民主，這當然都是遺憾的往事，不必再去苛責，但假如奉行恕道，承認別人的存在，尊重別人的存在，便絕對不會有這些敗德的憾事了吧！我們同樣講民主，同樣少數服從多數，要能以恕道來推行，則多數絕不會欺凌少數，而少數對多數也將是禮讓尊敬，而不是「力」的屈從，只有這樣才化粗獷爲優美，使民主能有更高一層的發揮。——「民主」如此，其他各種制度措施，理亦相同。

由此可見「恕道」對於大同事業是如何的重要，我們若把大同比作開汽車，則恕道就是修公路。公路好，車才能好好的開。沒有公路，車便根本走不成。若說它是大同的先決條件，實不爲過。儘管如此，比喩得還嫌不夠，恕根本就是大同的靈魂，只有具備了恕道，大同事業才有生命，大同才有內在自發的馬達。唯有大家都懷有善意共存的心態，才能鼓起推行大同的勇氣，同時通過恕道的哲理，也才使這勇氣擁有理性的根據，面對眞理而不自餒。

俗語說：理直氣壯，只有理直，氣才能壯。否則只是血氣之勇，甚至是衝動胡鬧，經不住考驗。許多具有規模，能成氣候的主張，無不有其一套深睿的哲學基礎，並不是故弄玄虛、立異鳴高，而是必須說得透徹，見得深遠，才經得住考驗；理才直之極，氣才壯而勝。現在這「恕道」就正是大同之天造地設的哲學基礎。有了這一基礎，不僅使大同極盡理直氣壯的功效，並且下學上達，使大同本身成爲一有意義的實體，大同的推行不僅是維護了和平，帶來了福祉，並且就在推進中，成就了人道，展現了天道。

至於這恕道的內容是什麼？我們怎樣去建立一套恕道的哲學，我已在前文中詳述，此處不贅了。

六 弘揚主義邁向大同

今天已是萬里同風，世界全都密接在一起。面對著這一局面，大家全部茫然，除了順口喊喊和平外，簡直不知該作什麼。就以這「和平」口號高言、喊了，等於沒喊，難道誰還要戰爭不成，再者和平是消極的，是有問題的（例如屈辱的和平是），根本不是趨赴追求的理想，那怎麼可以當作奮鬪的目標。人是理性動物，人類集聚在一起，更應該有共同嚮往的鵠的，共同奮鬪的藍圖。有之，無他，就是三民主義所提供的「大同」。

爲了人類的前進，我們應該大聲疾呼，向世人宣揚大同的勝義，我們不能把人類聚集在一起，而盲目無知的混下去，我們要提供這一有價值的理想，呼籲大家明覺的爲這一理想奮鬪，大同不僅是一個追求的理想，同時也是維繫世局的經綸大道。就在大同的追求中，便化解了世局的糾紛，導致了國際的和平。我們應該當仁不讓，勇往直前的向世人宣揚呼籲，甚至以一種革命的精神，向世界傾銷。這是我們忠於人類的作法，同時也是我中華兒女應盡的責任，因爲這大同之道乃是自堯舜孔子直到 中山一脈相傳的寶貴遺產，我們有責任把這列祖列宗的傳統智慧，發揚光大，爲人類造福。

講到弘揚發展，領導世界，或許會有人因爲我們的處境而躊躇，這個，大可不必。我們今天偏處海嵎，自是勢小力微，但是我們是思想領導，只要我們有貨，而又有好的推銷方法，並不在店的大小，正所謂是，「以德行仁者王，王不待大」是。試問梵蒂崗有多大？不是領導了全世界的天主徒麼，我們若眞大力宣揚，使世人都能認識大同，知道大同的好處，又怎會不與我們結成一條戰線，共同奮鬪。

再以動態說，天下風氣之轉變，無不始自少數一二人，就以三民主義本身來說，今日有這麼大的聲勢，當年還不是始自　中山先生、陸皓東等三數人，而今天已有此基礎，再進而向世界進軍，遠比當年　中山先生的孤軍奮鬪要容易得多了，這絕不是我們一廂情願的想法。不見當前已有西德慕尼黑大學的金德曼教授，在海外，以一個外國人的身份，從事倡導三民主義了嗎?不客氣的說，金氏對三民主義所知有限，又是孤軍奮鬪，假如我們大力鼓吹，向世界進軍，則不僅金氏會振奮興起，而繼金氏而起的，將不知會有多少人呢。

戴傳賢先生在「中國國民黨接受總理遺囑宣言」中卽提到　中山先生「決意於……與北方友軍將士暨各同志輸誠相見之後，卽親赴世界各國，爲廣大之宣傳，與以平等待我之民族相結合，共同奮鬪……」。可見　中山先生早有此種打算。不是我們魯莽蔑裂，亂發謬論吧。我們現在應該好好承繼　中山先生的遺志，向世界宣傳，我們今天處境雖是低潮。但這種宣傳對我們只會有好，不會有壞，並且大大的提高我們的身份與地位。假如政府爲了避免政治嫌涉，可以由社會團體出面，就可盡其大功，得其妙用了。

第二部

我

——自強人生的序曲——

「我」，是件平凡的事。人人都有個「我」，古往今來不知有了多少個「我」；可是這「我」的得來，卻大大的不平凡。試想：「我」的多少萬萬代的祖宗，若有一位稍有差錯，還會有「我」嗎？這還只是一端而已；其他事端更是說之不盡；只有萬緣俱備，「我」才能有。儘管天地間可此可彼，不一定要有我這個緣；但從「我」的觀點講，這萬緣竟能一一凑齊，實在是太不平凡的事了。

上了岸，忘了船。有誰想到「我」的背景竟是這樣的不平凡。想到這裏，還不該好好的珍惜嗎？其實可珍惜的還不止此呢。「我」還有更不平凡的地方在，只要想想這一生命體的內涵。——從表面看，「我」不過是芸芸衆生中一個孤立的個體；而這一個體也就是一堆血肉皮毛的組合而已。但你可曾想到這些血肉皮毛的來源與意義嗎？古語說：「身體髮膚，受之父母。」可見組成我這軀體的素材，乃是來自別的個體，那就是「我」的父母。——這不淸淸楚楚的說明：「

我」裏面流著父母的血。父母不僅就活在「我」的軀體中，而「我」也根本就是父母生命的延續嗎？這還是就人際間講；若再放眼天地，這整個宇宙不就是「我」的大父大母嗎？「我」的身體髮膚，固是受之父母，但這髮膚血肉，又何嘗不也正是宇宙的一部分呢？父母於「我」有什麼意義，有什麼關係，宇宙也同樣的毫不兩樣。看著雖有些恍兮惚兮，難於捉摸，實際上卻較之父母還更加綿延親切，有過之而無不及。父母生「我」只「一」而不再；但宇宙對我的軀體的生生化化，則是永遠無盡，一直持續到底。且以呼吸爲證吧。「我」呼的從那裏來，吐的又向何方去。出出入入，不都是在宇宙中打滾嗎？呼吸如此，體膚的新陳代謝也是一般。這還只是說氣物方面的生化而已；而就在這氣物的生生化化中，「我」的生命就早與宇宙融渾爲一，而成爲宇宙生命的一部分了。——這一相融相生的情形，當我看到案頭的水仙，就引起更親切的體認。

偶然買了盆水仙花，清供在案。眼看着它從一盆清水裏長出青翠可愛的綠葉，開出淡雅超塵的鮮花，眞使人遐思神往。這花這葉都是那裏來的呢？我雖不敢媲美牛頓沈思蘋果，卻也忍不住對它發呆。它無中生有似的，攝取了天地間的素材，幻化成美麗的花朵。你說這是水仙花自己生的花呢？還是天地的美質嬌姿寄落在這裏呢？蝴蝶莊周，恐怕兩俱有之吧！——再者水仙何德，而有此功能，那不全是秉承宇宙賦予的生機麼？水仙有知也許會得意自己的幻化功能，那知這幻化的展演，就正是宇宙生生不息的表現，花落花開不就正是宇宙生命活現在此間麼？

對着花想自己，使我清醒的感到花一般的關係。「我」雖平凡，卻不孤立，無盡的因緣物事，都在生養「我」，支援「我」。「我」的成就經營雖然微末，卻是天之「行健」落實在「我」身上。「我」的努力，「我」的行爲思想，雖都是「我」這軀體的活動，實際上卻是正在展現宇宙的生命；代表着宇宙在發言。正好像水仙的嬌美，就正表現了大自然的多采多姿，點綴了山川的壯麗，助長了宇宙的莊嚴。

「我」雖與花一般，花卻不能與「我」相比。「我」能深深的體會到這一切，清醒的知道這一切，花卻是一無所知。唯其無知，只有自生自滅，全靠天機，「我」因能知有知，情形便大不一樣。莊子說：「一與言爲二。」若套用這句話時，我們知與那被知的，便成爲「二」了。無知無「二」，自然渾一而無別。今既爲「二」，便對本象有從有違，而有其自主的反應，若拿世象作譬，它硬要對這生生本象，投出一票，表露自己支持贊同的意願。花要遭到挫折，唯有靜待演變。人若坎坷，卻會奮起強烈的生命意願，掙扎着活下去。這種有知有願的表現，豈是花所能有？

不僅有活的意願，還有活的想法。活要怎麼活，活成個什麼樣子，既是有知有意，便自然的有所選擇，甚至還能主動的有所構畫。正唯如此，乃使「我」的生活推陳出新，而有層出不窮的變化。試看植動各物，那一樣不是世代往復，萬古如一，而人則從茹毛飲血，穴居野處演變到今天的高度文明生活。甚至人與人間也你奇我艷各有各的活法，簡直不像是同一種類的動物。這豈是其他植動各物所能比？尤其值得注意的，天下事往往：變兆之始簡一，帶來的後果大異。意願構想原在左右自己的生活，而就在這生活方式的演變歧化中，卻展現出人們潛在的才華，培育出前所未有的功能。等到這才華功能出現後，卻又推波助瀾、互為因果，不僅反過來助長生活方式的變異，並且發揮威力，改變外在的物景，創塑人們嚮往的境況。人類能從草昧洪荒一直發展到登陸月球，就全是由此而致。——這種輝煌的業績，自然是人類的集體成就，但算個總帳，這成就不就是造端乎「我」，由一個個「我」的努力滙聚鼓盪而得來嗎？因此人類今天成就的不平凡，博得「萬物之靈」的美譽，那就正是「我」之不平凡的鐵證。

我之愛「我」，乃是天然的事，可說那就是生命的本質；還何待辭費，但是有了上面的認識，就更使我們理直氣壯，增強了愛「我」的聲勢，提昇了愛「我」的品質。「我」之活下去，已不再是純乎生理的展演。看著是在一樣的活，內心卻平添了活的深度，會深深的感到「我」的生命意義，會深深的感到「我」的宇宙尊嚴。活本是要活下去；現在卻湧起一股堂堂而堅定的意願，要使「我」活下去；要使「我」好好活下去！不能辜負了天之生「我」，更不能糟蹋了天所賦予「我」的才品與功能，我們要使每一個「我」都能：「得其養，遂其生，展其才，濟其羣，立其人，成其天」——我們若把「我之愛『我』」轉化為通則共相，那也就是說：我們要使人類一一得到合理的生存，不僅生而無憾，還要眞能活一個「人」的生活，發揮出人的才性，創造出人類的理想社會，盡到了人之為人，彰顯了天之為天。

民國七十四年四月二十三日

中央日報

高高興興的活着

——悅樂的人生觀——

一

宇宙間何以會有人？我自己又從那裏來？——這都是無法問，不能問的。但，既有了「我」我便要高高興興的活下去，不僅要充分欣享宇宙的賦與，勿枉生「我」一場，並且要在我的生命中表現出宇宙的蓬勃生機。不敢說我能對宇宙如何充實美化，卻堅信宇宙間，有了我，比沒有我更好。

在茫漫無垠的宇宙中，「我」算得了什麼？古人說「滄海一粟」，要眞算一算太空的大小，恐怕連這「一粟」都比不上吧？儘管如此，但就「小我」講，在這一偉大不可思議的場面中，能有「我的存在」出現，不是一件可喜的事麼？而我的生活起居，優遊成長，不就正是我這「存在」活生生的展現麼?飲食男女固然是我這生命的寫照,而悲歡離合,甚至是苦難煎熬,挫折敗滅,不也正是這生命的實際歷程麼?正因這些寫照和歷程,才使生命具有眞實的內容,而使「我的存在」成爲事實。因此苦也好,樂也好,一點一滴,一刹一那,我都要珍惜,因爲那都是表現我在宇宙間的存在。

爲了珍惜我這生命,爲了慶幸有此「存在」,無疑地,我們要提起精神高高興興的活下去,這是我們應有的基本態度,絕不因外在的境遇而異其趣。我們也知道世間有許多痛苦恨憾的事,而人們也有無盡的悲慘愁悶之情;但是面對着這些不快的遭際,傷感又有何用?不僅於事無補,恐怕還是「借酒澆愁愁更愁」!常言道:「哭着也是作,笑着也是作」,我們爲什麼不高高興興的去笑着作?笑雖不能解決問題,但在不憂不懼、輕鬆歡暢的心情下,不是更能找到解決的途徑嗎?——再而,所謂愁苦悲怨都是軀殼體膚之言,只是人生的表層現象,這表象並不能代表人生的本質,更不能左右我們人生採取的態度,縱令眞個百苦橫陳,我們依然可以高高興興的活着,而無害我們擁有一個「樂且無憂的人生」。譬如你聽一首哀樂,感動得唏噓淚下,實際上你卻還是在欣賞音樂,是在享受你的人生。——這不透徹的說明人生的眞相麼?把這個道理看穿了,還有什麼憂傷哀歎的;順也好,逆也好,不是都要提起精神高高興興的活着麼?這才是人生的正軌,也才合乎天理之常。

三

所謂「天理之常」就是本乎「宇宙性能」的正常發展了。宇宙的性能究竟是什麼，非我們所知，但就人的立場來論，那就沒有再比「生生不息」的性能更重要了。要不是這生生不息的性能，還那有我們，還那有萬物。《易經》說：「天地之大德曰生」就在這一大德下，宇宙生出了萬物，同時也表現了宇宙自己的存在。

從萬物來看，不僅在這生生大德下，獲得了軀體的存在，更可貴的還擁有生命的機能與心意，正因有了後者，才使有生之屬不同於土石的塊然自存，而卻能生化發展，甚至還默然的有一股生生的心意，推動我們的生命往前進。宋哲周茂叔不除窗草，要看草的生意，不就是這個意思嗎？不過草有生意，卻不自知，只有供人觀賞而已。而人則明覺自知，且有奮發直前的意願，唯其明覺而有意願，乃對生命展現的情形，有其衡鑑與反映。受到挫折，遭逢逆境，自會日新其德，走向生展旺進的途徑。而要境順生旺，欣欣向榮，也勢必帶來一種舒暢和諧的後果，不僅順遂了生命的意願，而也契合了宇宙的生生大德，使得人在內心深處，興起生命的至樂。

這種至樂，不是人人所能察覺，但伴隨而起的軀體快感，則有形有徵，人人都能感到而悅樂，老少賢愚無不皆然。古人說：「飲食男女，人之大欲存焉。」不就是明證麼？「飲食」的功能原在維持軀體的存續，「男女」則是要傳衍下一代；合而言之，便是我們生命機能的展演，使我們一代一代的活下去。拿植物來說，就是正在生長繁殖而已。這只是生命的踐履，絕不是什麼添情助興的遊樂。卻不料，人們對這莊嚴的踐履並不視爲苦工，反之，還最感興趣而爲大欲之所在——這不充分說明：在生活的過程中就會給人帶來旺盛的悅樂，而「活着」就是一件高興的事麼？

談到這裏，自然就明白我們爲什麼說：要高高興興的活着，才是人生的正軌，才是天理之常。而我們也唯有這樣才無忝所生，克盡了天道，享受了人生。

三

道家讚賞嬰兒，儒家也說：大人不失赤子之心。那就是因爲兒童心地純淨，最能表現宇宙的本能情態。因此，上述情況，在小孩子身上最爲明顯。請看那個小孩子不是一天到晚都在高高興興的活着。他們嘻嘻笑笑固是憨態可掬，一團和氣，就是哭哭啼啼不也一樣看着可愛，流露着宇宙的生機嗎？你幾曾看到小孩子垂頭喪氣，漫無聊賴。同時又有誰爲小孩子的啼哭感到悲哀。因爲他本不悲麼。啼哭嘻笑雖有不同，卻一律是大化流行生命的展現。無不高高興興的洋溢着生命的悅樂，不過小孩子自已不知道罷了。

人們不能像小孩子這樣高高興興的活着，一者是因爲體魄衰退，缺少了小孩子般的充沛活力；二者是因爲世緣浸染，失去了小孩子般的純淨同天的心情。換句話說，也就是失去「赤子之心」了。——前者的道理至爲簡明，譬如打球原是樂事，累了再打，那不就是活受罪嗎？小事如此，整個人生又何不然？精力充沛，一切行若無事，自然暢遂多趣，活得高興。等到體衰力竭，「人生」便成了負擔，活着是在挨日子過：那還怎麼高興得起來？僅僅是體力衰退倒還罷了，更慘的是精神方面的挫折和打擊，「人生不如意事常八九」，許多人在歷盡滄桑，飽經坎坷之後，便不再有應付挫折困窘的勇氣。留在胸次的只有慨歎傷感而已，眞個是「物是人非事事休，未語淚先流」，甚至歡樂的事也一樣寄以憂疑惆悵的心情。李清照的詞：「聞說雙溪春尙好，也擬泛輕舟。只恐雙溪舴艋舟，載不動許多愁。」不就是良好的說明麼？在這種心情下，自然一切心灰意冷，漫無生趣，連「活着」都覺得是多餘，當然談不到高高興興了。

這還是好的，而最沉重的便是童心的失落。——小孩子爛漫純眞，無牽無掛，一切順乎自然，樂其天機，那有什麼高興不高興的問題？但長大成人面對着現實的責任，不論是照顧自己，還是服務人羣，無不有許多客觀的「公算」迫使我們來考量，而不能再像小孩子般的純任天機了。諸如物資的盈虧，圖謀的成敗，你能忽視其後果嗎？這都是事理之所必然，而爲一切社會中人必須遵照的鐵律，否則你便無法活下去。可是人們在長期遵行之後，便形成一種計得計失的心態；而這一心態便往往成了人們應付事務的決定因素。如前所說，世事不如意者常八九，因此一定是「得」的時候少，「失」的時候多。久而久之，便會對什麼事都沒興趣。因爲經驗告訴他：辛勤勞力付出後，很難有所「得」；而靠得住的倒是「失」，得失相較，就樂得「一動不如一靜」了。這樣的人當然只有一天挨一天的混日子，頂多是借酒澆愁，以現實的享樂，塡補其內心的寂凉而已，還那能鼓起精神，高高興興的活下去。他們每每以一種高尙其事的口吻，來粉飾自己的消極潦倒，說是一切看穿了，其實所謂「看穿了」不過是得失的算盤打得更淸楚、更徹底而已。有一次我與一位飽經世故的朋友談件文化聯誼的事。他先哎喲一聲：「起鈎！我可沒有你這股子勁兒，我現在是一切看穿了。」我們是多年的好友，因此就不客氣的說：「什麼看穿了，你還不是深深知道，作了只是白忙一陣，毫無收穫而已，我才是眞正的看穿了呢！因爲我根本就沒想在這裏面找收穫。要作，說嚴肅些就是作我該作的事，盡點作人的道理。說輕鬆些，不過是玩玩而已，成也好，敗也好，不都一樣是在玩嗎？好比下棋，贏了固然開心，輸了也一樣是在消遣，誰在乎輸贏？拿這種心情來處世，不比你看得更穿了嗎？何況你不作也是閒呆着，把大好人生白白浪費掉，還不如我這遊戲人生來得有趣呢！」

四

不論體魄衰退，還是童心失落都是消極的因素，只要心意轉變，振作起來，都能高高興興的活下去。最厲害的是有許多教訓和說法，有力的影響人們的想法，不僅摧毀了你振奮欣快的心意，甚至還幫你建立一股相反的意願，而否定了你的人生。

零星個別的怪說，庸夫愚婦的陋教，都不必去管。首先看看西方通行的觀念吧！當年羅素來華，很快的就發現：中國人沒有「罪」的觀念。這話的反面意思就是說，羅素所處的西方社會普遍的具有「罪」的觀念。尤其上承希伯來的傳說，認爲人有「原罪」。在原罪的說法下，人類先天的便有罪，而與後天的品德修爲無關。不論你有多麼光風霽月的風格，不論你有多麼善良純眞的本性，卻都一律生下來就承具了「罪」。這種說法究竟有多少正確性，事關宗教，非我們所欲言；但站在人道的立場，卻是壓低了人的品價，使人生蒙受了一抹罪的陰影。若再引伸其義，豈非人人天生的便是待罪之身，而一切高尚有爲的努力都成了贖罪自清的活動，試問這對人生尊嚴是何等的傷害？不幸，它竟是西方社會普遍流行的觀念。在不懂教義的人看來，實在很難了解。說句大不敬的話，如其眞有「原罪」，這罪魁應該是上帝他自己。因爲「祂是全知全能的創造者」，爲什麼要造出這些令人遺憾的事呢？

我們也知道聖賢設教，有其不得已的苦衷。有時爲了降伏民心導之於善，不能不有「便宜說法」，這是出於不得已，至少在當時當地是必要的。——何謂「降伏民心」？請看陳平的故事。從前匈奴單于給呂后「謾書」，滿朝鼎沸，樊噲更是慷慨激昂，要率兵十萬，橫掃匈奴。這時陳平立卽出班啓奏，指着樊噲要「請斬樊噲之首，以謝欺君之罪。當年高祖圍困白登，樊噲身爲上將一籌莫展，現在竟說率十萬兵去掃滅匈奴，這不是大言欺君嗎？……」於是才把滿朝激憤之情平抑下來，冷靜的商討對付匈奴的策略。否則豈不都要跟着樊噲後面，一窩蜂的起哄，那還能作廟算嗎？——以此例彼，當年倡揭「原罪」的聖人，也必是以同一的心情來立教。不過陳平是對付眼前的朝臣，而希伯來的聖人則是誘導廣大的民衆而已。試想那些刀耕劍割、馳騁沙漠的人羣，那個不是意氣昂揚，倨傲自持；若不用這個原罪的大帽子壓他一下，那裏會肯卑遜自牧，潛心爲善，這眞是最偉大的心教，不能不令我們歎服。但今天廣大的羣衆已不再是騎着馬跑的遊牧之人，而知識水準的提高，理性的開發更與從前不可同日而語。我們是否仍須借重於「原罪」說呢？固然這對許多水準較差的人仍有大用，但我們站在與人爲善的立場，似該多方啓迪，使其向上看齊，而不必拉着大家一同委屈吧！

五

還有一種更加影響人們的說法，就是「苦的人生觀」。這種說法起自印度，而大成於佛教。他們羅列種種事實，證明人生是苦海一片。生老病死固然是苦，營謀操作、聚散恩怨也無不是苦。甚至人們認爲歡愉欣幸的快事，也不過是一種更深沉的苦罷了。他們這種苦的說法磅礴綿密，眞是「持之有故，言之成理」，縱以最精密的邏輯來分析，也難找出破綻。——不過，邏輯的數陳雖稱精確，觀點的採取，卻未敢苟同。天下雖有「苦事」，卻不一定要採「苦觀」。何況究竟怎樣才算是苦，苦究竟給人們帶來些什麼？還都大有研究的餘地。我們縱不能比照老莊的句法而說：「苦兮樂之所倚」，「知苦樂之相反而不能相无也」，但「苦」之具有強烈的主觀性，則是無人能否認的。你厭惡塵囂，認爲遠離人海僻處山林才是至樂；他卻喜居鬧市，而不耐離羣索居，寂寞孤獨之苦。究竟那個才是眞苦呢？這種道理莊子不是一再說過了麼？——這還是鳧腿鶴脛因人而異，即令就同一個人來說，也每因心情的變換，境遇的差異，而對苦樂的感受不同。月亮同是一月，情侶高朋則賞，棄婦離人則悲。沙漠中遇水，如飲甘露；強迫多喝則是中古的酷刑。甚至還有許多顯然痛苦的事情，竟因心情的愉快而冲淡和不覺。經驗一再告訴我們許多武士戰勝歸來，興奮的誇耀戰績，忽然告訴他受了傷在流血，馬上疼痛昏了過去。凡是久歷戎行的，無不深知此事。這當然都是變例，不足訓常，卻充分的流露出「苦的主觀性」。若棄此不顧，一味武斷的說人生苦，恐怕也與「事實」、「學理」兩不「全」合吧。

再進一步來說：縱令眞苦，苦就苦吧，又何必避之若蛇蝎，畏之如兕虎，沾都不敢沾？入地獄是至苦的事，佛教不就有「我不入地獄，誰入地獄」的說法嗎？假如爲了救人，佛眞入地獄，那究竟是苦呢？還是樂呢？恐怕就很難說了吧！這自然是虛擬假想的事，不能作數。且就眼前的實例來看：各種身心學藝的鍛鍊，在鍛鍊過程時，無不痛苦難受。愈是嚴格的訓練，痛苦就愈甚。你說這究竟算苦呢？還是樂呢？至少在有志學習的人，還眞是樂此不疲吧！我們縱不能拿這些事例就說：「苦爲樂基」、「苦盡甘來」；但用「苦樂二分法」來詮釋人生，總有些不妥吧！我們若眞是看開了，人生又何必這樣斤斤計較，一味的拿苦樂來衡量。人生最嚴肅，也最受痛苦折磨的，男人莫過當兵打仗；女的則在撫兒育嬰。但是普天底下毫無例外，男孩最喜歡打仗玩，女孩則是抱娃娃過家家。若從孩子們的眼中來看，成人不都是「眞個」在作最有興趣的遊戲嗎？好生可羨！我們若眞能「不失赤子之心」，拿這種心情來處世，那整個人生不就是遊戲一場嗎？我們爲什麼不高興！

人生有苦，誰也不能否認。但苦也不是百分之百的苦，否則人生還何能成爲人生。而佛敎的敎義卻強調在苦的一點，並依此而施敎。那縱非取一廢百，也不能不說是有點「偏」吧！若一定要鑽牛角尖，戴着這副有色眼鏡看下去，那勢必把整個人生看成一片苦海，毫無生趣。而其結論也必要歸落到「擺脫苦海，同登彼岸」而後已——這不僅否定了人生，並且根本否定了「人」的存在，這不是「人」之道。

其實，所謂「苦」，不過是人生的一種徵象而已，並不是人生的本身，豈可本末倒置，因徵象的不好，而厭棄人生的本身。更不可因噎廢食一躲了之。人生如其有苦，站在人道的立場，我們應該釜底抽薪去作徹底消除的努力。佛敎不就有「救苦救難觀世音菩薩」的說法麼？但自助而後天助，我們不能把這一工作專賴在「觀世音菩薩」一個人身上，我們自己也應該盡我們自己的「份」。我們不能一心嚮往「西方極樂世界」，更重要的要能面對現實，本着救人救世「佈施」

修持的精神，建立「人間淨土」、「地上天堂」。虔誠的佛教徒會覺得我們這種想法太狂妄，但這種努力的方向，你總不能說錯吧！

再就立身處世說，佛教最忌「執着」，現在一味咬定人生是苦，是否有點「執着」呢？爲人縱不能達到最高修養，「此身本無物，何處惹塵埃」，使「苦」無所沾染附着，但至少也要胸懷坦蕩，看開一點，不要時時刻刻計苦計樂吧；一個有修養的人應有其立身行事的準則，行其所當行，作其所應作，不必斤斤計較其後果得失。樂利固好，苦失也不必介意，所謂「正其誼不謀其利，明其道不計其功」者是。我常說：「你就是告訴我明天死，我今天也高高興興的活着，作我應該做的事。」我這不過是一句空話，偏巧就有活生生的事例來印證，那就是蔣桂琴的故事。

蔣桂琴並不是深究義理的老師宿儒，她不過是一位年輕的國劇女演員而已，要是說老話就是個「戲子」。當她正在荳蔻年華，聲光展耀時，得了骨癌絕症，住在醫院待日等死，這是多麼悲痛而恐怖的事。蔣女士卻索性看開了，不僅照樣優遊閒聚，並且要在死前好好的演一齣戲，對藝術作最後的貢獻。同學們無不感動，全力支持。最有名的演員徐露，甘心給她作配角，合演「紅樓二尤」。等戲上演時，她已到了油盡燈乾、病痛難支的階段了。特由大牌演員張安平加扮一個丫環，一步一步扶着她演唱。臺上臺下都知道這是死前的「活祭」，場面感人更勝過演戲的精彩。下場後她便力竭而仆，沒有幾天便香消玉殞了。這種忠於藝術、忠於崗位，勇對災難、勇對死亡的精神，又豈是「視死如歸」、「從容就義」……等陳腔濫調所能盡其美？因爲這些讚語不過能消極的不在乎而已；而蔣女士卻還要積極的享其餘生，盡其大「份」。假如世人都能像蔣桂琴這樣，還那會畏苦如虎，念念不釋，反而忘掉了；享其天年，樂其天趣！

六

總之，不論是身心厭倦，還是計罪計苦，都不得人生之正，而不能表現「人」的存在。我們既生於天地間就應該堂堂正正的挺起來，高高興興的活下去。從小處看，落得個身心暢遂我生悅樂自是好事；從大處看，還有其更深的意義。人是宇宙的一部份，一舉一動，都與整體關聯，就在我這高高興興中，不僅表現了宇宙生機的蓬勃旺盛，同時也使我與天地的大化流行融渾無間，而得到生命的至樂。

程明道曾有詩道：「雲淡風輕近午天，傍花隨柳過前川，時人不識余心樂，將謂偸閒學少年。」表面上看，程氏也與少年一般，是在遊山玩水賞心樂事。但他就在這賞樂中與天地同流而感到生命的至樂。這種至樂本乎天地，人人皆有；不過程氏能覺，少年不覺罷了。而我們學養上進的旨趣就在化此不覺爲能覺，把少年的渾噩低價狀態，提升到明道先生的契覺同天境界。

或者說：自古聖賢多半是「先天下之憂而憂」，孟子並明白警告我們「生於憂患，死於安樂」，現在卻一再倡導悅樂高興，豈不是與那「君子有終身之憂」的古訓背道而馳嗎？——不，這一問題根本無從發生。因爲這兩者並不在同一層次。說高興，是對整個人生所採的態度；而憂患，則是對事務發展的臨事而懼未雨綢繆。它是一種基於同情或自勵的低調打算，只是人生的局部謀慮，並不涉及對整個人生所採的觀感與態度。譬如棋迷參加友誼棋賽，在賽程中兢兢業業，全心警惕力防挫敗，那便是他的憂患意識了。但這憂患卻絲毫不能影響他參加棋賽的高興。同樣的，我們儘管有「終身之憂」，卻不能動搖我們的「終身之樂」。反之就在這憂患中，每會孕育出無盡的高興素材。憂患而能有成，自會感到成功的悅樂，不必說了。即令在憂患的奮鬪中，也會有一種心安理得，自感盡到責任的安慰。——因此，憂患又與「高興」有什麼衝突？

憂患如此，諸般苦難橫逆之事又何不然？我們在天地間，不過是宇宙的一小點而已。宇宙既不能以我爲中心，世事更不能按照我的心意而展化。這就是「不如意事常八九」、「苦難橫逆不斷來」的基本原因了。但苦難所能帶來的，只是生活進程的不順通，卻不能影響生命的本質，更不能左右我們的悅樂態度。我們不僅可以高高興興的去應付面臨的苦難橫逆，一如棋迷之籌思應棋；並且就在應付掙扎中，活生生的表現了我的生命，透露了宇宙的生機。尤其難得的，正因爲與苦樂周旋掙扎，卻每每因禍得福，鼓盪出不平凡的成就，一如流水遇到礁石而激起燦爛的浪花。這在自已，自是寫出了可歌可泣的佳話，而另一方面更因我而使宇宙的生生大德輝煌燦爛，照耀人寰。

張載在西銘中說：「樂且無憂，純乎孝者也。」什麼是「孝」？原來張氏在文中把天比作父，地比作母。因此「孝」便指對父天母地的大孝；而所謂「純乎孝者」便是與天地合其德，而達到了天人合一的境界。到了這種境界，行止進退都與天地合其節拍，禍福遭遇都與天地同其運化，一切順乎自然，盡其天理，還有什麼可憂可苦之可言。陶淵明的詩「此中有眞味，欲辨已忘言」，已經與天地融渾合一了，還有何辨？還有何言？所感受的只有與天地合德的至樂了。

孔門弟子言志，各有抱負。而孔子卻獨有「吾與點也」的讚歎。曾晳的志是什麼呢？他說「暮春者，春服既成，冠者五六人，童子六七人，浴乎沂，風乎舞雩，詠而歸。」看來全是一派賞心遊樂之事，而就在這遊樂中，孔子看出了曾晳那股與天地同流的至樂，看到了宇宙生生的祥和。

民國七十二年二月十六日

中華日報

生命的創造

一、一念向上的人生

生存是碰到的，生命卻是自己創造的，只有人，才能創造自己的生命，也唯有能創造生命，把自己的生存合理化，光輝化，才不愧其爲人。

一切物種都是怎樣生便怎麼活，代代往復，萬古如一，人卻不然了，人本也是萬物之一，生下來也有他一定的生存形態。按照常情，他也該是本乎生理，往復肆應，一生如此，代代皆然，可是人卻不甘以此自限，而會突破藩籬開創新的生命，初則模糊而小試，繼則明晰而有成，乃使人類的生活，不論是個人還是羣體，不論就外形還是內涵，都與原始的形態逈然不同，這絕不是某幾個部落的偶發事項，更不是少數個體特有的癖好，反之卻是個個皆有，處處皆然的普遍事實，今天走遍天涯海角，縱令最落後的部落，最蠻荒的土著，也都有他自己創造的一套生活方式，絕找不到茹毛飲血的原始人了。這一鐵的事實豈不充分證明，凡是人類，無不都有「改善生活形態，創造自己生命」的本性麼。

人爲什麼會要「改善生活，創造生命」，而別的動物卻不能呢？那就因爲人是一心求好，力爭上游了。這雖是小小一念，卻判別了人獸的殊途，開啓了文明的機運——或者說，人與萬物相比，實有數不盡的差異和美德，例如經營製造、安邦齊家、敦品勵學……諸般才智都不是其他物種所能有。尤其今天人世間的輝煌成就，就正是這些因素所造成，現在卻一概不提，反倒把一切功勞歸諸於虛空的一念，而說是由於「一心求好力爭上游」呢？——不錯，這些美德，都是人所獨有，而爲今日文明盛世的功臣，但不要忘了，這些美德：就人類來說，原都是潛在的，若把這些潛在的美德，眞實有效的發揮出來，卻有待這「一心求好力爭上游」一念的激勵與推動（按：反之，這向上求好之念，卻不待各種美德來推動，因果主從關係，甚爲明顯）。拿「吃」的例子來說吧！今天人們美食盛饌，比起原始的茹毛飲血，眞不知相去幾千萬里，人能有此勝況，享此佳餚，當然是來自烹調技藝精心設計之所賜，但推本溯源，人若自始便苟安無念，只要塞飽肚子就算了，那恐怕今天還是在茹毛飲血，不見牛羊仍在吃草，猴子仍吃水菓，如遠古之時麼？正因爲「吃了，還想吃的好些」這一念求好，才殫思竭力想發明出卓越的烹調技藝，才刻意經營製造出愈來愈好的食品——「吃」的事例如此，整個文明演進之理，也是一般。我們若以器物設譬！諸般美德，各種努力，只好像是操持作業的機器，只好像是美麗的燈光虹彩，而這「一心求好，力爭上游」的一念，卻是發動機，卻是電源，它雖是幾微的一點，而這一點卻正是人與動物的分水嶺，我們若說它是「人之所以異於禽獸者」還不夠。因爲它不僅消極的判別人獸的不同，還更積極的成就了「人之所以爲人」。

所謂「人之所以爲人」並不指那飲食男女盡其天年，而是要展其才德盡其天性，表現出「人」的存在。若只是純然的生理活動，人也不過是一普通動物，並且是很脆弱的動物，誠如荀子所說：「力不如牛，走不如馬」而已，天地間又何貴乎有此脆弱之物，但是人雖在體能方面脆弱，內在的性況卻有極高極大的潛能，若把這潛在的才德發揮出來，那就與衆大大不同了，這一潛德幽光的發揮，不僅提升了一己的品質，改進了生存的情況甚至可以轉變外物外境，塑建自己的社會和天堂，試問這豈是別的物種所能比並？當然不能比，只有人才會帶來這些後果，只有能向這方面發展才眞算表現了「人」的存在，才表現了「人之所以爲人」，才値得我們引以爲榮。

莊子說：「以物觀之，自貴而相賤」（《莊子》秋水篇），這話恐怕只有對人說吧！每種動物，當然都知道愛護他自已，若說能感到自以爲貴，實在不敢想像，眞能「自貴而相賤」的只有人類。人類不僅自以生而爲人而自貴，並且還自吹自擂，造出許多尊貴的理由，諸如「人是理性動物」、「人爲萬物之靈」等等，不都是人們「自貴而相賤」的說法嗎？甚至標榜衆生平等的佛教不也有「人身難得」的說法嗎？最妙的是希伯來的神話說：「人」是上帝按照自已的模樣造的，那我們就是與上帝同一類型了，那豈是其他物種所能比並，其實中國人要參天地之化育，與天地參，還不也一樣是要與「上帝」看齊嗎？這眞是「人同此心，心同此理」了——同的是什麼，就是凡我人類無不以生而爲人感到榮耀，並且還高尙其事，自擡身價，要向至尊無上的境位看齊，從考證求實的觀點來看，無疑的這都是人們的自我陶醉，究有幾分合乎客觀眞實，實在值得懷疑，但「觀過知德」，就從這一片陶醉自詡中，卻表現了力爭上游的心意，他們雖也自知是血肉之軀，卻不甘終身株守在生理活動中，一再重複其軀體的生存，顯然的，他們都在摸索着發掘其天賦的才智，開創其生命的領域，他們雖也要飲食男女，卻用其才智去美化固有的飲食男女，尤其是在飲食男女之外，創闢了生理活動以外的新天地，而就在這一系列創造自己的生命奮鬪中，拈出了奮鬪的目標，樹立了嚮往的理想。目標是什麼？理想又何在？初民樸實木訥，便籠統的歸諸於向天看齊，與至尊同位同能了，試看這是多麼偉大的志氣懷抱，人類今天的輝煌成就，就都是憑着這種精神奮鬪得來的。

總結前面的話，我們可以說，人類全部的歷史就是來自人之一心求好，力爭上游。這實是一切進化演變的動源，若缺少了這一因素，人們的歷史將只是一部自然史，而每一個個人更全是與草木而同朽。那天地間又何貴乎有此一種人形動物，而又何貴乎賦予這力爭上游的靈性。今天我們創造出如此輝煌的盛德大業，當然都是這一靈性美德帶來的後果，但從價值的觀點來論，這還是「第二義」，而更有價值的是我們能把這種精神充分發揮出來，彰顯了人類的特點，盡到了人的應有的努力，而無愧於天的鍾靈賦予。由於社會的進化，民智的開發，我們今後應該更加努力加強發揮這種精神，地上天堂雖是我們嚮往邁進的目標，更重要的是要發揮人類的才智美德，表現上進自強的精神，我們是否眞能與上帝看齊，眞能與天地參，那是留待外在的評鑑；而盡其在我，表現了「人」的存在，則是我們自己份內的事。

前面提到莊子說：「以物觀之，自貴而相賤」，不錯，我們是「自貴」，但，不是盲目的自貴，我們是要用努力奮鬪的事實來舖建我們「自貴」的基礎，使我們有以人爲榮的眞實理據而無愧於天地間。

怎樣奮進，從何處下手？那就勢必歸落到作人的問題了。

二、作　人

上面的結論，一切歸落於「作人」。

開創地上天堂的偉業，表現「人之所以爲人」的高風——這是何等莊嚴的事，而其推行實踐的辦法，卻只是老生常談的一句「作人」，可靠嗎？當然可靠。「作人」字面上雖是簡單通俗，涵義卻是豐富而實惠，它實是一個深淺兼具的大道，羣己並存的良方，其事易行，其用無窮，捨此妙法，還更何求，在說明此義之前，且先詮釋一下什麼叫「作人」。

自古聖賢總叫我們「作人」，我們生下來便是個人了，還要作個什麼，須知生下來的，不過是人形動物而已，那只是碰到的「生存」，這樣的人當然用不着去作。反之我們要想成個引以為榮的人，就不能聽其自然，只是飲食男女而已了，那勢必要掙扎着往合理處作，使人們潛存的美德靈性逐漸發揮出來，表現了人之所以為人，表現了人與禽獸之不同，這才值得「自貴」自榮，而是我們想要當的人，像這樣的「人」便要有「作」的工夫了，我們說作人就正指的是這種努力，若沒有這種努力，人早就個個都是原始的人，個個都是人形的動物了。

由上可知，所謂「作人」實際上就正是前面所說「一心求好力爭上游」的奮鬪了。我們可以說它就是人們這一精神的具體表現而不再是空洞的原則，正由這點差異，遂生出無比的妙用，而成了人生應循的大道。

一心求好，力爭上游，雖是人們崇高的精神，卻只是一個指向而非具體的選擇與作法，因此當這一指向落實在人生時，勢必無事不可求好，隨處皆能向上，汪洋一片，使人四顧茫然，沒有一個落腳處，眞是一部十七史不知從何談起。「作人」便正解決了這一難題而提供了個下手處，它具體的告訴你要作的事，世事雖多用不着支離漫逐，反之卻如網在綱般，收束在作人的一點。人力有限，外務無窮，唯其收束在一點，然後精力才能肆應。「一點」是什麼？就是叫你作人，那就是說要你生而為人就去好好的作個像樣的人，而這件事，卻正親切的和你自己的生命連在一起，毫無疏離的和你自己的生活打成一片。一切生發自內，從之也輕，因此講起來雖似莊嚴的教條，作起來卻是順理成章自然不過的事；把這一件事當作求好向上的下手處。不僅旨約易操，可收執簡馭繁之效，同時也使人們向上本性得到有條有理的表現，若拿水作譬，這就如建立了一個良好寬暢的水道，使那汪洋一片的洪水，得以循軌流行，媲美大禹的治水了，這實在是最合理最適當的途徑——「作人」本是人們力爭上游的本性，不必標揭而會自生自現，但經過我們的呼喚標揭，不僅納入正軌直奔正果，並且正因這一呼喚，乃使那自然漫映的表現成爲明覺自主的行爲。而也正因這一轉變乃啓發了人們的道德意識建立了道德行爲的理性基礎。

或者說，作人工夫與自己的生命打成一片，自是親切易行，但是把一個普遍的人性大潮，釘住在小我一點，未免見木忘林貶低了人生的大義。人要都只顧自己，那國家社會交給誰？人類共業的顯揚還怎麼辦？——這話義正辭嚴，說的極是；可是作人的要求並未忽略此處，更未把人生的活動只局限於一個軀殼。說作人，指的雖是個人，作起來卻自然引發到羣體，套句古老的語法，便是「言己而羣在其中矣」，正唯如此，才簡單易行，是個人人都能作的下手處，而作人工夫的妙，就妙在此處了，下面的話就是說明：

從實相來看，羣己原是一體，無法隔離分割。從個己的觀點看，所言所行都是小我自己的事，若從另一個角度看，你這一切正是羣體的一部份。羣體的形像就由你的一切而顯現，你和你的一切也就範鑄了羣體的性狀。以物作譬，你是銅，羣體就是銅塊，你若是金，羣體當然便是金條，全體的品質貴賤、身價高低就全建築在構成份子身上了。——就在這種道理下作人的引伸大義，便不言而自明了。儘管「作人」要作的是你的小我一己；但「己」如品質升進，「羣」也自然隨之水漲船高。仍以前物爲喻，銅塊中有一分變成了金，成金雖只是這一分，而擡高身價的卻是整個銅塊，若分分都變成金那整個銅塊就成金磚了。作人的道理不就正是如此嗎？人人搶刼，便是強盜集團，個個變成賢哲，當然就是君子之邦，這不很顯然嗎？

銅並不能變成金；人卻可由強盜變成賢哲，即令點金有術，銅變成了金，也只有點了的是金就是了，銅塊中，有一分點化成了金，那就是塊「一成金的合金」，其餘九分永久仍是銅，不受影響，沒有變異。但是人就不同了，人若成了金，便不止默默的自己是金而已，他將在羣體內發揮他「金」的作用。往最消極處看，也會發生薰陶感染作用，增進鄰近者美化的性能，積極的更會獻身社會克盡匡時濟世的責任，甚至許多卓越傑出之士還能立德行敎，旋轉乾坤，眞使歷史爲之改寫，英國史學家威爾斯說我們若抽出了十個人，人類歷史便將整個改觀，這話一點都不誇張，試想若缺少了孔子、釋迦、耶穌，這樣的十個人，今天歷史還將是個什麼樣子。可見個人自己的品德良好，不僅止是一個良好的構成份子，並且還能移風易俗使整個羣體爲之俱變。但一個人能發生這種作用不是天生就成的，即以上述例子說，孔子自述「吾十有五而志于學，三十而立，四十而不惑……」，釋迦更是從遊四門起，開始問學求道，最後去菩提樹下靜坐悟道然後才能出而弘法濟世——這不都清清楚楚的說明他們都是經過一番力爭上游的作人工夫麼。

總結上面的話，個人好，羣體自也隨着好，尤其個人好了還可發揮才智抱負，改善羣體，造福人羣，而向着理想的境界去邁進。人都是人，人生下來原與禽獸並無兩樣何以會有此效能德業？那當然是來自努力向上的作人工夫了——而這一事實不就充份證明「言已而羣在其中矣」的眞理了嗎？殊不知個人的作人固然會給羣體帶來美果，同時個人的作人也必在羣體中才能美滿完成。

我們平常說大仁大義，唯有羣己交融才談得到大仁大義，唯有在羣體中，才能形成作人的大成大就，試看羣己還能分的開嗎？

三、偏差

近代科技發達許多機械器物複雜萬端，縱有千手千眼也難操縱照顧，但是工程師卻巧加安排、約束歸納於一點，不僅萬室千燈，一揿開關便同時照亮，而那製造技術巔峯的火箭，也是只要一按電鈕，便可立卽升空，眞是最佳的設計了，而古聖先賢敎我們作人，其巧思妙用尤勝過此；不僅僅技術上是約聚在一點，涵蓋了一切，並且旣有自發自動之義又擅引發再生之功，眞是妙用無窮，而爲人類最佳的航行大道了。

這一作人大道，古聖先賢一直就在諄諄不斷的敎導我們作，眞感謝給我們指出這一正確而平實的人生大道，更佩服他們能體悟發現的聰明睿智，遂使後人有所遵循，幾千年來都在順著這個

路子走；但就在這踐履奉行中，卻發生了偏差，偏差何在？顯然是強調了道德心性的修養，而忽略了才智功業的發揮，

在過去，一提到作人，就教我們父慈子孝，君惠臣忠，全是德性修養的節目，好像作人要求全盡於此。此外別無他求一樣。殊不知道德固是重要，人生卻還有道德以外的需要，人性中也還有別樣的潛能，今若重一而略百縱無不可，至少也是偏枯獨秀，未盡到平衡圓滿的發展；這不能不說是實踐作人的一個遺憾，儘管也有人喊出三不朽的呼聲，也承認立功立言是僅次於立德的要務，但是教育上，普遍要求的仍是君君臣臣父父子子，——德性上的各盡其分，各守其常而已。

我們也知道，形成這種情況也有其可原諒的原因。第一才華功業不是人人能有的，而道德則是人人要作的；第二古時社會樸素事功技能的份量輕，人際關係的份量重；第三尤其從教育技術上看，講道德說仁義，人人都會，只要年長位高，人人都可宣說教誨，但是教導子弟立功立言，展佈才華，則非有眞才實學無從教起，何況子弟才華不同，時代需要各異，又豈能拿一套教材通用在各處？技術影響原則，不說也就罷了——在這三種情形下，很自然的，便把作人的重點放在德性修養方面了。窺其本源實可說是一種不得已的辦法，但在行之既久，蔚成風氣後，大家便認爲這是唯一的大道，此外勿須他求，因此一切才智功業的講求，便遭受忽略和輕視，縱有成就，也難得到應有的尊重，甚且還要拿道德當作衡量一切的標準，爭字的故事便是例子了。從前有人寫的一筆好趙字，另一位學顏字的，工力差得很遠，他說我字雖壞，學的是忠臣的字，不像你寫

的是二臣的字，這不是賭氣嗎？道德雖是重要，但要濫用到這種地步，就未免過份了。孔子並不是這樣的，孔子論成人是要「臧武仲之知，公綽之不欲，卞莊子之勇，冉求之藝，文之以禮樂……（《論語》憲問）那不清清楚楚的告訴我們除了道德的不欲，修養的禮樂之外，還要具備，「知」、「勇」和「藝」麼？而他嫡傳弟子曾子更落實的說要能「託六尺之孤，寄百里之命，臨大節而不可奪」（《論語》泰伯）才算君子，可見孔門師弟並沒有把作人的問題侷限於道德修養之內，而忽略了才華功業對社會的責任，孟子起來後，才開始發生偏差，只看他對管仲的評價，便是明證。孔子論人，絕不輕易以仁相許，而對管仲竟然一再說是「如其仁，如其仁」，甚至於還具體的指出「微管仲吾其披髮左衽矣」，但到了孟子眼中，這位管仲就成了連曾西都不屑爲的人物了，這顯然與孔子的看法發生極大的差距。孟子所以倡此極端之論，是在以重重的言意來挽救當時重功利肆權詐的頹風惡俗了。所謂「若藥不瞑眩，厥疾不瘳」（《孟子》滕文公上，引《書經》說命篇語）者是。後人不明其旨，卻拿着藥當飯吃那還不發生偏差嗎？董仲舒那句名言就正是這一發展的里程碑，董仲舒說：「正其誼不謀其利，明其道不計其功。」董仲舒和孟子一樣，他的重點是「正其誼」「明其道」，那就是要嚴義利之辨，重原則的指導了。但是演變到後來，就變了質。尤其在清談的頹廢思想影響下，「不謀其利」「不計其功」，反而成了人們心目中的重點。等到宋明理學興起後，更把道德倫常的踐履指向內在的心性修養。雖是品格提高到了不食人間煙火的地步，卻個個都成了道德櫥窗中的樣品，而與有血有肉的人生脫節，更談不到安邦治國克盡社會責任了，到了明朝亡時，多少希聖希賢的人士，面對危局一籌莫展，他們能獻出生命不負所學，所謂「平時袖手談心性，臨危一死報君王」就其自己的修養講，眞是言行一致作到了極點。事實上卻對世局毫無所補，看不出什麼價值。那就正是孔子所說的「匹夫匹婦之爲諒也，自經於溝瀆而莫之知也。」（《論語》憲問）修養走到這種地步已是人生的癱瘓，而不再是堂堂的作人，文化要向這方面發展，實是自殺的文化。

㈠來自印度的偏風

作人的思想也就順着這一大流來發展了，張方平說「儒門淡薄，收拾不住」，就正指的是這種現象了。——後來宋明理學家起來，爲了收拾人心紛紛提供深入的形上理論來與佛學對抗，表面上雖是奪回了思想的領導聲勢，重振了儒家的門庭。但在明眼人看來卻早已陷入明心見性的陣營，佛化了原有的作人思想，甚至許多中國原有的典籍，也都是用這種觀點來解釋和美化。例如大學吧！

大學是宋明理學，中心尊奉的典籍，就以這本書的話來說吧！「大學之道在明明德……」這所謂「明德」分明指的是文王之德，「周公成文武之德」（中庸第十八章）的德；而上面的「明」字，就是要光大這種「明德」以造福萬民了。正唯這種意見，所以「古之欲明明德於天下者」才接到下面的話，而要「先治其國」了。但宋明理學家，卻無不捨平凡而盡深遠，別作高推聖境的解釋。朱子說：「明德者人之所得乎天，而虛靈不昧，以具衆理而應萬事者也」，（大學朱註）王陽明也說「是乃根於天命之性，而自然靈昭不昧者也，故謂之明德。」（王陽明大學問）這兩說措詞用字雖稍有參差，意旨卻全一樣。試問大學一篇從頭到尾可曾含有這種意見嗎？再說得徹底些，大學的作者，能有這種虛玄的觀念？能懂得這麼深刻的哲理嗎？不僅大學的作者不懂，恐怕兩漢以前也根本沒有這種思想吧！反之朱王這話與那神秀的名偈「身是菩提時，心如明鏡臺，時時勤拂拭，莫使惹塵埃。」倒是息息相通，一個鼻孔出氣。尤其陽明臨終時問遺言他說：「此心光明，亦復何言。」（《傳習錄年譜》）這不就是說他的心已達到一塵不染的明鏡臺的境界了嗎？——若從歷史的觀點，誰能否認這不是受了印度思想的影響。

宋明理學家無不是抗志希古的人士，尤其朱子陽明是頂天立地的人物，絕非盲從模仿之流，何以竟會跟在印度思想後面跑，何況他們還標榜的是排佛？——不錯，宋明理學家是排佛，但他們排佛排的是其廢人倫、離世道，而不是門戶意氣之爭，反之佛教高明之處卻正可他山之石用來攻錯，充實強化我的本土的學說，我們一向有天人合一的思想，但怎麼個合法，卻極模糊，更談不到具體的作法了。現在佛教教義中含有極卓越的心性分析，極深邃的形上理論，俗語說，橋歸橋，路歸路，不管佛教的旨趣如何，而就這一都份來講，卻正可彌補我們天人合一思想的弱點，使其堅強完美，成爲響亮高明的道術，甚至就排佛的立場講，也唯有這麼作，才能自立門戶，而與佛教抗衡，這就如清末維新。魏源所說的「師夷之長以制夷」了。就在這種大勢所趨下，宋明理學家們便取用了佛教的精華，點燃起儒家潛存的形上火種，參照了印度的想法，闡揚了固有的心性理論。乃使原是力行實踐的教義，添裝了一套高深的理論說明，若以清末往事為喻，那就是擁有了洋槍洋炮，建立一套國防新體系了。凡此演變，都是學術上公認的事實，而這一事實就說明了他們接受印度思想的底蘊。

(二)宋明思想的通病

正因這一共同的背景，宋明理學家不論彼此學說如何參差互異，卻無不有其共同一致的特徵，包含朱王兩極端的學說在內，若把這特徵勾劃出來：

第一他們都認為：人要與天道相合，人的最高修養目標，就是要達到天人合一的境界。

第二人能達到此種境界，唯有仰賴心官的作用，換句話說只有通過「心的功能」才能達到天人合一的境界。

第三人人有心，卻不是每個心都能無條件的有此功能，達此境界。心必須澄澈無染，才能洞照世象而與天冥合。

第四因此我們只要希聖希賢、勵學上進，便須從心上着手，使心能發揮最高的功能以與天冥合。宋明學者們，不論是要我們去人慾存天理，使「吾心之全體大用無不明」（朱子）、還是「立大」、「識仁」、「發明本心」，以及「致良知」種種說法，實質上無不是要恢復或保持心官的澄澈無染，以求能與天冥合，陸象山說：「若能盡我之心，便與天同，爲學只是理會此」，這話就最具體而明顯的說出這種旨趣。

凡此各端確乎是給儒學建立了一套深刻的說法，而使天人合一的理想有了具體實踐的途徑。外足以對抗佛敎，內足以自立門戶成爲響亮的學說，眞是高明之至，但就在這高明奮發處卻中了印度思想的毒，上了佛敎的船。毒在何處，那便是把中國傳統剛健有爲的精神，導入了清順自守的講求。宋明理學家所要的是在能保持最正確最清明的狀態；卻很少要我們去發揮人所應有的積極功能，他們強調的是言行要與天道冥合無違，卻從未想到要本乎天之行健而去自強不息，他們也談禮樂刑政，也談人倫踐履，但他們所要求的只是消極的合理反應，絕不曾想到「天地之大德曰生」而去積極的有所創闢。程明道說：「廓然而大公，物來而順應」，就正代表所有宋明理學家的基本態度，這話着拿物來喻，就是要心如明鏡，隨物而照，恰如其分，毫無差誤了；這不就正是與神秀的「心如明鏡臺」，一個鼻孔出氣嗎？我們冷靜的想一想，這究竟是地道的先秦情調呢？還是受了印度的影響呢？這就不言而喻了。其實這還是好的呢，若是到了慧能的「菩提本無樹，明鏡亦非臺，本來無一物，何處惹塵埃」，那就更是一切空無所有了，禪宗有一個講修證的「牧牛圖」（普明禪師頌），其初，蠻牛咆哮奔跳，牧童緊握韁繩，幾難控制，其後漸漸馴服，牛臥童睡兩自逍遙，最後圖中一個大白圈，牛童不見一切俱泯，與天同寂。這些當然是用來說明修證境界的一個比喻，但我們也就正可藉着這個比喻，說明我們的看法。蠻牛咆哮雖不合禪旨，卻正是牛之本性，表現了牛的存在。學到一切同歸寂淨修行固是到了家，牛卻也不存在了。假如爲學作人全都崇奉這種旨趣，那勢必一切歸於寂滅，否定了人的存在而後已。這不僅不是「人」之道，恐怕也不合乎「天」之道。試想天若有意志而要一切歸於寂虛空照，那又何必生此多彩多姿的世象?人世的紛複繁華，興革造作，還可說是妄自作孽以人滅天，而那花草的鮮艷美妙，蝶鳥的婀娜活潑，以及山川的秀麗有致世象的變化無窮，那又作何解說。可見天也不見得就是一味的只在空靈寂淨吧！

㈢天人合一的誤解

天人合一原是人生修持的最高陳誼，無人能有異議，但這樣的合法，卻顯然的歪曲了作人的道理，而生出嚴重的弊病。

第一、這種帶印度色彩的（姑且這樣說吧）合法，過份的強調了「天」，而忽略了「人」的因素。人固然是天的一部份，而應以天爲歸依，人固然與天相比，渺小到不能成比例，但是卻不要忘了；終歸還有其一部份，渺小的「存在」和「意義」，不能完全抹殺而不論。再者我們所以要研討天人合一要講修持，原是爲了「人」的受用，並且這問題也根本是「人」提出的，怎可以研究的結果，是把「人」取消呢?這就如一個備感病痛的人，醫生發明一種「長期安眠藥」服後入睡，不僅不再痛苦，並可帶着氣長壽一百年——這種醫生你請不請?這種長壽你願不願享受。我想每個人的答案都是否定的，因爲說是沒病而活着，實際是死了也，而印度色彩的天人合一，不就正與這個醫道大同小異麼！這不是「人」之道。

第二、再就強調「天」一點來論，也發生偏差。「天」有諸般德性，待人崇奉冥合，而他們所要合的卻在天的虛明寂淨。若拿孔子的話爲例，他們只看到了「天何言哉」，卻忘掉了「四時行焉，萬物生焉」。事實上這後者才是「天」之所以爲「天」，否則我們這山河大地，世象萬物又是從何而來的呢？因此《易經》才一再告訴我們，「天行健」「天（地）之大德曰生」。爲什麼講天人合一，不去合天的這種德性呢？

第三、心是人身的主宰，軀體的靈魂，對「心」來下工夫自是抓住了要點而爲人生修持的精義所在。但在前面兩點影響下，「心」的修養工夫，除了期求與「天」融證冥合外便集中在清明無染，物來順應而已，這自然是心的一種極爲澄澈卓越的境界，但是卻全屬心的消極功能，除此之外，心還有種種積極的功能，《金剛經》有云：「應無所住而生其心」他們的工夫全集中在「應無所住」，卻摒棄了「而生其心」。理學家雖也有「物來而順應」的話，但這只是被動的反應，而「生心」之可貴乃在能積極的有所發揮，有所創闢。內則引發潛能，而有德慧知術的成就；外則營謀設計而有濟世益羣的興建。——凡此都是「心」的無價大寶、至上功能，現在卻棄置不顧，全不措意。而只請求其消極的清明虛淨一面，試問這與用寶玉墊桌腳，拿瑤琴作柴燒又有何別。

(四)結　語

正因上面這些偏差，所以才造成明末「愧無半點匡時策，唯餘一死報君王」的悲劇。他們「平時袖手談心性」的結果，竟把一個個勵志篤學的士子，全變成活生生的廢物。爲學能作到明辨是非，勘破生死，不惜以身殉國，談何容易？但這一死除了自我欣賞一己的「作人藝術」外，實看不出任何意義。這正是「自經於溝瀆」的「匹夫匹婦之爲諒」，而爲孔子所不取。作人作到這種地步，眞是「走火入魔」了。

四、訂　正

宋明理學家所以發生這種弊病，推本溯源，乃因受了佛老的影響，不知不覺都陷入一種消極退化的觀點。所謂退化觀點者，是認爲一切本然原有的才是理想狀態。任何後起的事象，都是墮落紛擾的表現，這是道家論事的基本史觀。拿這種觀點，來修心治行，當然是要側重在「應無所住」，而不去理會「而生其心」了，不僅不理會，並且根本對「生心」就有反感，在他們看來「生心」就是起意動念，而起意動念，又都很自然的想到那將是人慾而非天理（按：宋儒例將天理人慾對看）。——在這種心理狀態下，當然會認爲：最好的狀態，便是一念不起；而心的最佳功能便是「物來而順應」，那其就是消極的鑑照，一如鏡子的映象而已了。

㈠心的積極功能

須知消極的清淨鑑照，固是心的勝德，但心的德性卻不以此爲限，尤其要從「生心」的正解，它還另有許許多多積極性、創建性的功能，而這些功能德性，絕不可以一概歸之於軀殼起念，更不能視之爲罪惡；就拿對「物」的反應來說吧，心固然可以「物來而順應」，消極的「照物」，但同時也還能積極的「理物」、「轉物」，甚至還可凌物之上而「超創」，這些個都是心的無上功能，有待我們開發出來，唯有把這些性能充分發揮出來，就事功講才能開務成物，厚生健羣，就價値講，才能盡心之德，盡人之性，而成就了人之所以爲人，表現了「人」的存在，而生心者，就正是要生的這個心，爲申此義，下面稍加疏解。

1.理物

所謂「理物」是指對外象的綜合功能，用西哲術語，應該是認識論的問題，但其實質不限於認識論。宇宙萬象，儘管是「有物有則」，但呈現在我們面前都是紛至沓來，茫然無緒。假如僅憑感官應接，勢必渾噩一片，無分無辨，不僅抓不住要領，甚且會是不知不識，這時唯賴心官發揮功能，將這面對的現象加以綜合，貫以條理，然後我們才能把這外象如網在綱一樣的收攝在心中，既能統持其形象，還可認識其性質及意義。這就是心的「理物」功能了，「理物」的功能絕不是如鏡之消極反映，顯然的還有其積極的綜合作用，而會把外象規律化、完美化，蘇東坡的詩「橫看成嶺，側成峯」，山就是那一大堆東西是了，而成嶺成峯不都是我們的綜合美化作用麼？這還是詩人的情懷，近代格式心理學更從科學的觀點，指出明明是三個點，而我們看來卻是三角形，這不就是一種綜合作用，這還不過總持統攝以便理解而已，有時還會拿主觀的想像去美化，使那本來平凡，甚至雜亂的成爲可圈可點的珍品，譬如我們秋天賞雲，明明只是水氣高懸，往來飄蕩而已，我們卻指指點點的告訴孩子，你看那是一隻老虎，那邊好美的一座仙島……而「情人眼裏出西施」不就更是具體的說明嗎？

2. 轉物

上面是說理物，下面再說轉物和超創，所謂「轉物」就是把面對的外象轉化得更美好，更能發揮其功能和價值，按照性質的不同，這轉物的功能可細分爲四項。一是「盡性」，現實的物與事，每每不能符合其應有的性狀，譬如西瓜應甜而不甜，辣椒應辣而不辣，面對着這種事象，都會有「觚不觚」的感覺而想使它甜使它辣。這就是中庸所說的「盡物之性」了。——第二是「成用」，那就是要「物能盡其用」了。——第三是「生新」，那就是將一物轉變成截然不同的另一物。例如琢玉爲杯，變奶爲酪是。——第四是「創組」，前三者都是就一物而轉化，「創組」則是把兩種以上的東西，組聚一起，構成一種全新的東西。例如屈竹引繩而爲弓，聚石築木而成室是。——這便是轉物最主要的四項內容。轉物與理物的性質最不同的有兩點，一者，理物雖使外象規律化、完美化，但這只是對觀者的自我感受，而外象本身並未受到任何實際改變，而轉物則是眞有作用相加，而使外象發生實際的變化。再者理物是心與物間的直接關係，而轉物則是間接的。因爲心是是經由一些力量和技藝才能轉物的。既然如此，又何以要歸諸於心呢？其故有二，要去轉物這一意圖是生於心，此其一。技藝法式不論多麼繁雜微妙，推本溯源，是由心生，此其二，因此能說轉物不是心的作用麼？

3.超創

再說「超創」。所謂「超」是指超乎外象，不受面臨境物的限制，「創」是指努力經營，提供前所未有的東西和想法，合而言之「超創」是指超逾外象而生的拓建構想。由於構想的背景和實質不同，乃有種種不同層次的超創，舉其要者可有四種，第一有的是胡思亂想全無理數，是爲「幻想」，例如牛頭馬面的傳說、童話寓言的編撰，而胡大川的幻想詩，正可說是典型的代表。第二外象雖不如意，人們卻可按着自己的希望，編織一套美好的夢境。我們可稱之爲「願想」。第三人世間的事，不一定都合道理，更談不到樣樣盡美盡善，人是理性動物，懷有向上求好的意念，去面對着令人遺憾的境象時，要能根據自己的看法提出美善構想，作爲奮鬪嚮往的目標，這就是我們平常所說的「理想」了。「理想」由於內容性質的不同，適用範圍的廣狹，及其價值層次的淺深，而有種種小小大大的理想，但不論如何紛歧，基本上都是根據理智構劃來的；而「願望」則是出於情感，甚至是一廂情願的，與此不能相比，第四最重要的一種，則可稱之爲「大道」。「

大道」實際上也就是一種最有價值最高層次的理想，甚至我們可說理想的極致，便近乎大道了。其間沒有一刀兩斷的區分線，世間許多事往往都如此。例如晝與夜判然不同，而中間就沒有區分線麼，一般說來理想只指一種令人嚮往的境界，而大道則包含趨赴此境界應有的努力，和個人應遵應循的途徑。理想多半是屬於個人的或一部份人的，而大道則是全民性的；儘管客觀上仍是地區的產物，至少在主觀上卻都認為是提供給全人類的，例如孔子、佛陀、耶穌他們的教訓，便是其顯著的例子。

(二)潛隱與發掘

上面這理物、轉物和超創你能說不是「心」所俱有的功能嗎？然而前賢講論「修心」的工夫，只談明心照物，卻從不及此，那除了是中了印度的毒素，溺於消極退化的傾向之外，還有一個更重要的因素就是明心照物，與天冥合這種功能是「心」所現有的，只要提撕警惕，人人都可隨時提供，但理物轉物和超創這些功能則是潛在的，不是人人都能現成提供的。因此便很容易為人忽略，而清淨自守的人更無意去發掘顯揚，久而久之也就棄置不提了。如以貨財為喻，就好像只看到了手中拿的有錢，而忘掉自已在倉庫裏還存的有錢，這怎麼可以？手中拿的固是錢，倉庫中的更是大錢。若見手而遺庫，是為健忘無知，若知而懶得去開倉啓庫，是為慵懶頹廢，自棄寶藏，那還能理財嗎？同樣的作人修心方面也如此。只看到現有的功能，而不知還潛存有更大更多的功能，那可說是浮光掠影有欠深入。若是知而不發，茍安因循那就是自暴自棄，對不起自己。若以這種標準來打發人類，那豈不是拿着和氏璞寶當頑石，牽着龍駒去拉糞車嗎？縱令安份守素，不計得失；但就人性講，實是偏枯萎褪，要用中庸的語言就是未能盡其性，這怎麼可以？尤其這些功能雖是潛隱，但一經發掘出來，卻每每光輝萬丈，影響羣倫。《詩經》上說：「潛雖伏矣，亦孔之昭」（孔是大，昭是明）就正指的是這種情形了。這時我們從其後果的輝煌，返觀其潛隱的本況，眞令人有「莫見乎隱，莫顯乎微」（中庸首章）的讚歎了。

但如前文所說，這理物、轉物、超創的功能卻不是隨時隨意都可提供的。甚至看着還好像沒有這回事似的，而要把這種潛伏狀態，顯現出來，從微隱無朕變到功能昭著，發揮輝煌卓越的效果，那勢須我們不斷的努力，說具體些，這些功能不僅有待我們發掘，還要靠我們鍛鍊與培養。此處說「發掘」，乃是牽就語言的習慣，若就實際狀況；應該說「誘發」更爲近似。因爲這些功能，並不是像油、煤、銅、鐵等物，埋藏在地下，只要我們挖出來就是了，反之，它倒寧像作饅頭放了發粉引它發酵，製臘八豆，把黃豆煮好，引它發霉一樣。至少從感官來看，硬是從看不見誘發而生出看到的功能，從不可捉摸而變成具體的效驗。——正因如此，前賢乃都有意無意的，抹殺了這些事象，甚至有些欠深入的人，更根本不知有其存在。那還有何可說——不過，這些功能雖因潛晦而受冷落，那是人們自己的失誤而不是這些功能本身的罪過。它雖潛晦，只要一經發掘顯現，卻有極大的塑造性和發展性，那眞如孟子所說的：「若火之始然，泉之始達。」儘管本來晦潛不見，但在誘發出現，既然既達之後，硬是涓滴之水，了以蔚成江河，星星之火，可以燎原一片。這一切就全看我們如何鍛鍊培養，如何發揮運用了。你能付出多大的培育力量，它便可有多大發展的可能，既無塑造的止境，又有成效互相引發的作用，輾轉、遞進，硬可發生不可思議的成就，就拿我們當前的世象來說吧；羅素說：「當他年青時，有人騎腳踏車，大家稀奇得圍着看，等到了老年時人類竟已登陸月球。」試看這段話中涵蓋了人們多少開物成務的成就，而這些成就不都是來自心官的理物、轉物、超創功能嗎?老子《道德經》說：「道生一，一生二，二生三，三生萬物。」而這發展可說就正是這種演進的歷程。而就在這不斷的發展演進中，不僅把人性的潛能充分展現，造成輝煌的業績，同時也反身自厲，提高了人們自身的品質，加強了人們的功能，而這一後果，又互為因果的，更加推進發揚人們的幽光潛德表現人在宇宙中的高度存在，中庸所說的「贊天地之化育，可以與天地參」就正是這一自強不息的結果了。

其所以能有這種輝煌的後果，主要的是因為照物只是消極的反應，所謂「物來而順應」只是存其真，得其正而已，但理物轉物超創則有一種再生的力量；它不僅使我們自已的人性得到完滿光輝的發展，並從而促使社會走向盡美盡善的發展，物種、環境，也都能有其合理的成況，豈僅是「開物成務」而已，硬是使得外在的世界為之改變，發生本不會有的變化。套用中庸的話，那不止是「能盡其性，則能盡人之性，能盡人之性，則能盡物之性」，而眞是達到了「贊天地之化育」的境界，而這一成就豈不都是由心的功能而來嗎?

(三)「人」的存在

或者說把目標放在外在的成就，而拿這些身外世象來評鑑人生，豈不是重心在外，流於漫逐，何況這些外在的締造又是否眞有價値呢？——不錯，外在的締造營謀，不僅哲理上難以看作安心立命之處，就從世俗的經驗，誰又不知：巨富豪權不過春夢一場，宮闕萬千還不是都要成土，若把人生的意義寄託在這上面，人生價値不知還作何解？然而我們卻仍一再宣說著，那是在於這些事象後面所蘊藏的心血功能，所表現的奮鬪精神。

歐陽修有句傳頌千古的話：「醉翁之意不在酒」，然而卻一再的飲，且飲而入醉，乃是要拿這酒來寄託某種的情調。而我們今天高講外在營謀成就，其理就正如此，這些東西究竟能給人類帶來什麼，究竟價値有多大，稍有哲理頭腦的，都不會冒然武斷，但不論如何，這些東西都是運用巧思旺意，孜孜矻矻耕耘出來的則是不爭的事實。說句北方耍把戲人講的粗話：「玩藝兒是假的，力氣是眞的」，而這股力氣，就正是人們的精神之所在，不僅作到了「天行健，君子以自強不息」，並且表現了「人」的存在。

由上可知這理物、轉物、超創，是多麼重要了。假如沒有這一切，而「心」只知「照物」，物來而順應，保持清淨明澈，一念不生，那就縱然與天冥合，人人都達到了天人合一的境界，若是反身觀照時，如從宇宙天全來看儘管明淨圓融卻將是一個渾沌寂寥的整體，若從萬有殊相來看，那將不再看到「人」的存在。這站在「人」的立場該怎麼說呢？而我們又無法否定這一事實——「我們是人」，我不知大家想過這問題沒有？而要肯定我們是人，要表現「人」的存在，那勢必在「照物」之外還要充分發揮理物、轉物、超創的功能，而作到「盡我們自己的性」，我們所以一再說其重要就在此了。

四心的天職

總之，作人而從「修心」的工夫下手，當然千對萬對，但其旨趣應該是發揚心的功能，來充實人生，鼓舞人生，絕不可「欲潔其身而亂大倫」為了保持清靈無染，卻自斷生機，流於廢置。荀子有段話講得好，「故治之要，在於知道。人何以知道，曰心。心何以知，曰虛壹而靜。」（《荀子》解蔽篇）此處所謂「虛壹而靜」，大體就相當明心見性的工夫了，從荀子這話可見「虛壹而靜」之可貴，乃在其「知道」，而「知道」的目的，則在其能洞曉「治之要」了。——這話平易近人，眞是健康而正確的至理，宋明理學家對心性的分析，修養的理論，其深遠高致，自非荀子能比，但並不能因其高遠，便不問方向的對錯。明心見性與天相通，自是極高的修養，極難得的境界。但這境界，本身並不是「目的」，——除非人生的大義只在自我欣賞，自我陶醉。——反之，我們要珍惜這種成就，憑藉着它來發揚、正思、正意和正氣。

一、正思——所謂正思就是要正其所思，正其思維。從前有人討論，聖人有沒有喜怒哀樂。

聖人也是人，怎能沒有喜怒哀樂呢？喜怒哀樂尚且不能沒有，何況是生心動念，有所思維。但在印度式的觀念下，這些思維想法，都是雜念，而是明心見性工夫的干擾，明鏡臺的塵埃，因此無不要把這雜念消除，還往往用靜坐等工夫，去壓平導化，希望能作到一念不起的地步。但眞這樣作時，乃是否定了「心」的功能，而把活人變成木頭，這不是人之道。合理的辦法不是把這些「雜念」（如其是雜念的話）消除，相反的應該如「因材施敎」一般，把這些「雜念」訓練薰陶，使其有條理、有意義，這才有效的發揮了心的功能而表現了人的存在。

二、正意——人與物最不同的就是人有意志，一切有其自已的期圖與想法；人旣是人，便不能無「意」，我們也不應該消除其意。但意志不能一定對，更不能保證其善，尤其所謂軀殼起意，往往會傷人害事，甚至流於邪惡。這便是人世災禍的主要起因，於己於羣兩俱不宜，反之我們若能生心動意全得其正，那不就有益而無害了嗎？意何以能正，當然一要睿智通達，二要客觀無私，而我們若作到明心見性的境界，那不生心動念則已，如有意圖，難道還能不正而且善麼？

三、正氣——正氣是我們常常講到的，卻又是一個只可意會而難以言傳的觀念。必也，我們可說是一種嚴正不阿的態度，就主觀講，是具有使命感的生命衝擊，就客觀講應該是天道大流在人世間穆穆不屈的流行。但是人能具有使命感的，並不在少數，甚至許多妄人也有很強烈的使命幻覺，他們雖自覺純正無私而有強烈的生命衝擊，實際卻只是一部份人們的偏差怨氣，並不能上接天地運行的正向，下立人羣行誼的極則，那是沒有什麼價值的甚至還有嚴重的弊端，假如人能作到明心見性與天相通的境界，試問還有這種偏差嗎？不僅不會偏差，反之若眞有令人崇敬磅礴而生的「正氣」，也唯有求之於有這種心性修養境界的人。

前面提到《金剛經》中說的：「應無所住而生其心。」假如我們眞能憑藉明心見性的修養，去發揮正思、正義和正氣；那豈不「無所住」與「生心」兩皆顧到，而達到「應無所住而生其心」的最高要求。果其如此，就個人講，自將發揮心靈的妙用，而瀕臨入聖之門。同時就羣體言，人人能有正思正見，那無疑將開啓撥亂反正的機運，而促使人們向着理想境界而邁進。

我的摸索

一、前言

遠在民國四十一年，我出版《老子哲學》這本書的後記中，我就說過：「予雖尚知好學，實不好讀書」，雖不愛讀書，卻愛想東想西。至於我想的對不對呢，所言「當局者迷，旁觀者清」，所以，我今天請各位頂尖的人物來鑑定一下：究竟是胡思亂想呢？還是也有一點道理。

俗話說：「看戲不到後臺，吃飯不到厨房」。通常不管後頭怎麼亂，我們總是弄的整整齊齊的才端出來給大家看。今天，我卻是拿後臺的東西和盤端出，把我的構想的來源一步一步的說出來。請大家切實指點。

我把我的構想勉強歸納成三個單元。其中後兩個單元比較具體，頭一個單元比較亂，但是，卻是後兩個單元的基礎。當然啦，要把它整理清楚也不是不能，只是爲了要保存眞象，讓各位了解我的思路歷程，所以我就把它如實說出，讓大家明白我思維的眞象。

下面，就來談談我今天要說的內容。

二、「道」的由來——「求道」的底蘊

我整個的題目就叫「我的摸索」。這些年來，我東想西想，想的很辛苦，無以名之，只好稱之爲「摸索」。因爲我想的東西很多，海濶天空、漫無邊際，爲了讓各位比較容易理解，所以我從「道」的這方面說起。

因爲我不大好讀書，所以我對「道」的看法，是從實際生活中體驗的。從前周敦頤說：「綠滿窗前草不除」，留了春草來觀其生意。我沒他那麼高雅，我喜歡小孩，卻也從小孩身上體會到很多，而今天我的學問，歸納起來，也是根源於此，所以要從這裏說起。

小孩是人生的開始，當他在娘胎裏，本身並沒有什麼認知的感覺，但我們從第三者來看的話，那恐怕是人之生命中最圓滿的境界，不要說任何事情都沒有遺憾，他根本沒有需求。這種無需無憾的境界，是最圓滿的。如果用哲理來說，可能這種境界才眞能使人和宇宙混而爲一，這也正是人類天性中最嚮往的境界。

可惜的是，這種境界一出娘胎就沒有了，就失去了。我們可稱之爲「失樂園」。雖說是失樂園，但從某個角度看，這個樂園並沒有完全失去，只是褪色而已。這個褪色的樂園，就是媽媽。媽媽是嬰兒的一切，雖然他自己沒感覺，但是第三者可以觀察得到。慢慢的，小孩長大了，他的媽媽不再是他的一切了，「樂園」也就逐漸褪色消失了。可是，在他的嚮往中，仍以爲媽媽就是一切，所以，一有問題就找媽媽，以爲媽媽就是全能的一切。我們只看小孩有什麼需要或是被人欺負了，一定說：「我找我媽去。」就是最好的證明。這種情形，在知識境界上來看是非常幼稚，非常不合理的，但是，在形上學來說，這是一種人類潛意識的反應。人類一切的追求就是這種情緒、這種情操的延展和發揮。我們都知道，現在的火箭可以登陸月球，但是從哲理上來說它是起於中國的飛天的意念。現在的電腦有這麼了不起的成就，但是他是起源於中國的算盤。同樣的道理，不管是多麼高深的哲理，都是起源於小孩對娘胎的嚮往和追求。因此，我們從哲理上來看的話，這種追求是人類一切追求的方向和本質。儘管我們不能達到樣樣都滿足的地步，但是，我們的方向是這樣的。

在這種情形下，就有許多志士仁人不斷的努力，追求這種全然圓滿無憾的境界。這種境界，可以說是人類對全面歸屬的嚮往，也就是我所謂的「全歸」、「全往」。這是人類一切追求的原動力。

但是，事實上，問題太多太複雜，不可能全面解決。許多仁人志士雖然在追求中都有所得，能對一部分的問題提出解決的方法，但是，隨其理解之不同而有不同的方向、內涵，而且隨其智境不同，會有高低深淺的不同，其追求總不免限於特定的目標，這就是所謂的「百家衆技」。不過，追求者本身在主觀意識上，總是想要使所有的問題能得到全面的解決、全面的滿足。這就是所謂的「道」的問題。

這個「道」的追求，由於個人的理解不同，智慧不同，而有不同的角度、不同的全面。但是，自己總認爲自己的看法就是「道」的全部了，所以，這種種的「百家衆技」，就都陶醉在自己的小天地裏。

從全面來講，都是希望所有的問題都能得到全面的解決，儘管實際上不可能。而所有追求「道」的人雖然都認爲自己很了不起，而事實上對這個宇宙人生的了解，仍是連邊都沾不上。所以老子說：「道可道，非常道。」佛敎也說：「第一義不可說，不可說。」追求者都以爲自己的是最好的，實際上就像「盲人摸象」，都以爲自己摸到的那一部分就是全部。就像佛敎，雖然境界極高，自以爲是正法，但實際上也不過只是「一察」而已。

那麼，在這種情形下，許多才智之士起來建立的這個「道」，不管大的道、小的道。每一個道能不能建立起來，能不能得到大家的信仰，不在這個「道」的本身是不是眞理，而在於這個道是不是「罩得住」。

所謂「罩得住」，在這裏我給它一個新的定義，就是他的智慧高過一般人，這一點看來似乎毫不重要，可是，事實上，卻是最根本的道理。我舉一個例子：大家都相傳孟母三遷的故事，都說孟母是了不起的大敎育家。但是，孟母這樣的三遷效果有沒有成功呢？孟子還是不好好念書，等到三遷到學校旁邊，孟母一定是發現孟子喜歡學習，看到什麼就學什麼，所以才遷到學校旁邊。孟母可以說是用心良苦，但是孟子一樣沒好好念書，拿書念着玩，在他來說，殺豬也好，念書也好，做什麼都一樣，皆玩也。這癥結在什麼地方呢？孟子雖小，但是他智慧高，高過孟母。而智商低的人永遠沒有辦法領導智商高的人。絕對如此。所以，要建立一個道，一定要智慧高過其他人，才罩得住。否則，你說了半天，他根本沒看得起你。只有你智慧高，罩得住他，他才會對你佩服。因爲他想到的，你早就想到了，他沒想到的，你也想到了，所以他才佩服你。好比上山，上得越高，看得越多，你上得比別人高，別人看見的，你早就看見了，你還看見別人沒看見的。（雖然在你前面的，你也看不見。）因此，道的成立，就在「罩不罩得住」。你罩得住，別人就服你，罩不住，就沒人理你。

不過，每一個建立「道」的人，都以爲自己所了解的就是眞理的全面，因爲他看不見更好的，就以爲自己是最好的了，以爲所有的問題都已經解決了。雖然事實並非如此。

但是，我們這是站在學術上來說。在現實上，我們如果想要突破、超越既有的「道」的範圍呢？很難。因爲，能夠建立「道」的，都是人類史上最傑出的人才，千百年難得一見。就像朱子、王陽明，又能夠有幾個呢？而數千年來，又有幾個孔子、釋迦牟尼？正因爲如此，所以我們永遠在他們的籠罩下，因為智商沒他高，永遠無法突破。最後，只有在他的旗下打滾。

而我們如果想要突破既有的「道」的範圍，只有兩種可能：一個是看到它的缺點加以修正，一個是憑空想的很高。而孔子、釋迦牟尼都不是普通人，你的智慧既沒有他高，那麼，他的思想中就算有缺點，你也看不見。何況，就算你七十五年三月會頓悟，前一天，你改行了，升官了，放棄了，甚至死了，一切不就全完了嗎？所以要突破小道容易，大道要突破，就好難好難。

以上是第一個單元，雖然亂，卻是後面的兩個單元的基礎。

第二個單元是：我的境界的爬進。在這裏，諸位可以看見我的心路歷程，是「爬」吔，不是「跑」。此外，我有很多想法，連是眞是假都還不知道，所以，我也不敢說是「爬登」。

在道的追求上，要想有進步很難。社會的壓力，會使你的一些想法招人笑話。所以，在追求的過程上，不但要有勇氣，還要有儍勁。而我就不斷的儍儍的在爬。

從小學到大學畢業，我的老師都說我很聰明。但是，我今天如果有一點點成就，絕不是因為聰明，而是得力於我的儍勁。我在美國的時候，為了把文章寫好，自己下跪，自己打耳光。而我就是憑這一股儍勁在爬。

我有一點狂想，因為在我求道的過程中，跟我接觸最多的，一個是宋明理學，一個是佛學，所以我從這兩方面把我「爬」的歷程說一下。

先說宋明理學，我是怎樣從讚佩到不讚佩，甚至認為自己比他還高，這道理很簡單，因為它的根源在佛教，這是我的看法，下面在說到佛教的時候會說的很詳盡，這裏就不多說了。

宋明理學在排佛上有很大的成就，但是它雖然排佛，卻又掉回佛教的範疇中。不要說別的。就「大學之道，在明明德」這一句來說，「明德」二字怎麼講？朱子、王陽明都是說「虛靈不昧」這些話，但是，原來的儒家，並不這麼講。我在大學裏教學庸，原來很佩服這種說法，到後來才知道不是這樣。明德就是像文王之德，就是對國家、對人民很好的德性，就是這樣，否則，和治國平天下有什麼關係？所以宋明理學是提高了層次，但是，從旁觀者的立場來看，可以說是把儒家整個倒進佛教的思想裏去了。

所以我的老師陶希聖先生就說：《論語》是一部治國平天下的書，而宋明理學家把《論語》變成一本修身的書。不光是陶先生這麼說，熊十力先生也說：宋明理學拿佛家的《金剛經》來做爲資料。爲什麼會這樣子呢？因爲宋明理學家雖然想排佛，但是他們的智慧沒有釋迦牟尼高，所以，掉入了佛學的範圍中而不自知。所以我認爲：宋明理學是根源於佛教。

至於我對佛教的質疑呢，第一個是佛教中專講打坐修養的牧牛圖。在牧牛圖中，它把人的心比喻成牛，從蹦跳不馴到如何逐漸被收服，表示我們的心是怎麼樣到一念不起的最高境界。但是，牛又蹦又跳的時候，不正表示有牛的存在嗎？如果，牛不動了，那就什麼都沒有了。就像小孩，又鬧又跳的，才是小孩，等他不鬧不跳了，就不是小孩了。這是我最初對佛教產生懷疑的地方。

慢慢的，我開始對佛教的教義感到懷疑：佛教說了生脫死、擺脫輪廻。可是了生脫死是我自己了生脫死，這從儒家的觀點來說是自私，從道家的觀點來說是不自然，從佛教本身來說，我執太重。我曾對人說：「就算釋迦牟尼佛說：『張起鈞，只要你點一下頭，我立刻讓你成佛。』我也不點頭，我敬謝不敏。」現在，不僅如此，我還要清算釋迦牟尼佛：爲什麼你非要了生脫死呢？比較起來，儒家的境界實在高太多了。

有一次，我對進修部的學生說：你們在學校做老師，一定教學生要愛國家、愛父母，這就是儒家。但是，基督教、佛教不是這樣。基督教禱告升天堂是我升天堂，蒙主恩召，召的是我。佛教成佛，是我成佛，明心見性，是明我的心、見我的性，和別人沒有關係。

基督教有一個故事很了不起：耶穌釘在十字架上，爲了替世人贖罪，這眞是了不起。如果反過來說，全世界的人釘在十字架上，只爲了耶穌一個人的幸福，那耶穌還算個東西嗎？我們應該爲人活着，而儒家就是這樣，所以把生死看得很自然。張載說得好：「存吾順事，歿吾寧也。」爲什麼非要了生脫死呢？

因此，我對佛教有幾點疑問：第一，佛教把人看成廢物，這和基督教的「原罪」一樣，要說你不好，他才能來救你，所以佛教從種種方面來說人生的苦。就算你說樂，他也能說出在這個樂上有更大的苦。其實，這苦樂是主觀性的。拿王貞治來說，他一天練球五百棒，苦不苦？當然苦。但是苦中有樂。文天祥被關在牢裏，最後綁赴刑場，苦嗎？苦，可是苦中有樂。更何況，就算人生是苦，我們爲什麼不能改善呢？可是，佛教就因爲認爲人生是苦，而導致他們的厭世觀。

第二，比「原罪」之說更厲害、更深刻的是：他使人有罪孽感，如果你信了佛，就沒有罪孽感了。此外，佛教像其他許多宗教一樣，常運用一種怪異的法則，做超乎物理現象的技能表演。比如「神通」，佛教就有意無意的運用它，做爲傳教的工具。諸位知道，人往往是衝動沒有理智的，所以可以利用這種種怪異的現象來傳教。

佛教在心理運用上最高的是，你只要信了教，或是沾上一點邊，馬上心裏就覺得很安慰。比如說聚餐，就是吃飯啦，稱爲「千僧大齋」，捐點錢啦，稱爲「護法」，甚至連發脾氣，也叫「要金剛」。反正只要沾上了邊，他總有一套名目，可以讓你很安慰。而且，佛教有一套獨斷自是的理論系統：佛法是正法，是究竟之言，能熱心奉持，就是上根、利器、有福報；任何懷疑不信，都是因爲你福薄、孽深、慧淺，而絕不是佛教本身有問題。

在此，我抄了《金剛經》上幾句話：「若人滿三千大千世界七寶以用布施，是人所得福德寧爲多不？須菩提言：甚多世尊……若善男子善女人，於此經中乃至受持四句偈等，爲他人說，而此福德勝前福德。」可見，佛教以其實踐弘揚爲最高功德，其他任何一樣功德都不能與之相比。如果反對、批評佛教就是謗法，暗示你會因此有罪，不能成佛，使人不敢批評，不敢反對。這是佛教厲害之處。

基於以上種種概念的形成，因此我漸漸萌生了許多反對的意見。以「苦」來說，我們爲什麼不化苦爲樂呢？爲什麼一定要逃避到極樂世界去呢？在許多佛經中，都形容極樂世界中，有音樂、有琉璃、有金沙布地，用這些來說明極樂世界的好，可是，如果你說現實世界中的音樂、琉璃、金沙，他又說那是墮落、罪惡。你說他這個，他用那個說，你說他那個，他用這個說，反正他總有話說，而且總是對的。

熊十力先生說：佛教重來生不重今生。這眞是一針見血。可是，今生是我從前的來生啊，爲什麼這個來生就不算呢？說句以小人之心度君子之腹的話，這就像你開張遠程支票，卻沒收我現在所有的錢一樣，不是嗎？

佛敎所以會有這種理念，推測其原因，是因爲釋迦牟尼佛在沒有成佛之前是人，是人就會受到環境的影響。印度，不論現在、以前，在人文上、物質上都很落後，而釋迦牟尼佛就生活在這麼落後的社會裏，用手抓飯吃，而且連衣服都不會做。諸位看袈裟之所以纏在身上，就是因爲他們不會做衣服嘛。吃、穿都不好，男女呢？印度人太早熟，十二、三歲就生孩子，不管生理、心理上都還沒成熟，所以，在這方面也不夠進步。而佛是大智慧的人，他處在這種吃、穿、男女都這麼落後的社會環境中，所以他想都不會想到要去改善環境，所以他才會主張逃避。如果他生在別的地方，大概不會這樣，就是因爲生在印度，所見到的人生，就是這樣——一點希望都沒有，使得他只看到人的生物性，沒有看到人的人文性，自然會想要擺脫苦海了。偏偏他又有大智慧，用在這消極逃避的方面，就成了大氣候。什麼事情，總要有人倡導才會盛行。比如說鬪牛。爲什麼西班牙鬪牛，臺灣不鬪牛？沒人倡導嘛。同樣的道理，這種消極避世的思想，一經釋迦牟尼這種有大智慧的人倡導之後，自然就盛行起來了。

可是，釋迦牟尼雖然在主張淨化人的心靈這點上是對的，但是他並沒有發揮人的好處，只是要人一念不起，心如止水，他沒有想到要去發揮人性的極致，改善現實的生活，而只是要擺脫輪廻，同登彼岸。這種看法，也正是我所以說要清算釋迦牟尼的原因。

如果以基督教的上帝的立場來說，他一定會對釋迦牟尼講：「釋迦牟尼先生，我好不容易把人造得這麼好，又能幹、又會思想。結果你要把能思能想的人變成不思不想，甚至整個沒有。你說：『我皆令入無餘涅槃而滅度之。』要把所有的有生無生都滅度之，那我上帝造人幹什麼呢？我做人，你要消滅，這不是和我過不去嗎？」

話雖如此，但是在釋迦牟尼無比的智慧下，大家都被他罩住了，脫不開去。何況佛教自認是正法，非其他世間法如回教、基督教可比，當然，我們這些智慧不如他高的人就永遠只能在佛教的旗下打轉了。宋明理學家就是這樣，以致在排佛的同時，也受到佛教的深遠影響，終究偏離了正統的儒家。也因此，我在批評佛教的同時，也批評深受佛教影響的宋明理學。不過，諸位要注意的是，以上的批評，純就學術方面而言，而不涉及佛教及宋明理學的成就。事實上，他們的成就，以及在安定社會的力量方面，是不容否認的。

批評之後，我也提出我自己的看法，這就是我的第三個單元：正面的構想。

我少年的時候猛想憑空建立一個新奇出衆的思想，及長，才知道它的不切實際。因爲，眞正有血有肉的思想，一定是由下列三個原因形成：

一、由學而成：也就是因前賢的思想、學說，減損增益而成。

二、由事而成：就是在你面對實際的問題時，而設法求得出路。

三、合理的理想

現在，我將我的構想形成的來源，依照這三方面分別敍述如後。

一、因宋明理學之刺激而來者

㈠建立合理的眞實人生：理學把人欲的範圍擴充的太大。而事實上人欲的範圍是很難確定的，譬如說男女。如果完全斷絕的話，人不就絕種了嗎？我們要得其養，所以合理的生理發展是應該的，而我們爲了要建立優美的人生，所以合理的享受也不是罪惡。而且，我們應該知道，心性修養恬淡有守，只是做人的起點行爲，而不是終點目標。做爲一個人，我們不只要恬淡有守，還要振作有爲，要能爲社會貢獻一己之長。至少我們要先恢復孔子給「成人」下的定義：臧武仲之「知」、公綽之「不欲」、卞莊子之「勇」、冉求之「藝」，再「文」之以「禮」、「樂」，這才算得上是「成人」。要有一個有生氣的人生，才能有一個優美旺盛發育萬物的社會。

㈡立「人」，所謂的「立人」，就是要建立一個眞正的人，要發揮「天行健，君子以自強不息」的精神。人的「心」不是要一念不生，訓練成止水，而是要發揮它的能思能辨，使我們的心能一直擁有最好的想法。同樣的道理，人生的極致並不在於與天冥合，而是要發揮人之所以爲人的地方，表現「人」的合理存在。所以說，人要參天地之化育，而與天地並稱三才，要「爲天地立心」，更要像「女媧補天」的傳說一般，彌補天的缺陷。具體的說，人要深謀遠慮，運用人的力量，改變天災所可能帶給我們的悲慘命運，比方說：阻止冰河期的來臨，預防生物的週期性滅絕等等，都是人應該努力去做的。

二、因書生學究之刺激而來者

㈢弘揚眞正的儒家：儒家在各派的學說中最爲中庸，它不像佛敎以天滅人，也不像西方科學以人滅天，而是要立「人」極，不滅人、不滅天，所以，只有儒家的立人能得其正。但是，眞正的儒家是重視實踐的，不能光是停留在學術研究的階段上，一味的做文字的分析推敲。因爲儒家的基本精神是爲人家給養，踐履個人對社會應負的責任，所以，眞正的儒家是「爲人」的，所謂「中也養不中，才也養不才」，所謂「己欲立而立人，己欲達而達人」，才是儒者的目的，其他都是附帶的，基於儒家「修身、齊家、治國、平天下」的理念，請儒家要鼓起對社會的熱情，承擔起匡救社會的責任，要走實際建設的路，而不是搗亂，要有實質的研究，而不是光託空談，坐而論道。這樣才能弘揚眞正的儒家。

三、面對社會而引起的

㈣弘揚大同：現在世界各國都有很密切的關係，互相影響，任何一國都不可能孤立，不管叫不叫大同，反正，全世界也已是一個密不可分的世界，所以，只有發揚我們傳統的大同精神，才能解決今日的問題，如果只是空談「禮運大同篇」，是沒有用的。我們所以要弘揚大同，在消極的方面來說，現在的世界，任何問題都無法單獨解決，所以，只有運用大同之道，來全面解決今日的人類危機。在積極方面來說，只有「大同」才能樹立人類整體發展的藍圖，光談人權、民主，連大同的邊都沾不上。而且，我們弘揚大同是有前瞻性的，可以使全世界的人共同合作，共同應付任何不可知的外太空問題，萬一有變故發生，全人類可以聯手，共同解決。

㈤弘揚恕道：世界是由愛而產生的，這誰都無法否認，可是，只有愛，並不能維繫世界。只有恕道，它可以建立人與人之間和平的基本關係和心態，美化「本質是強凌弱衆暴寡」的民主，而且它也是「大同」的哲理基礎，所以，只有恕道才能維繫這個世界。更何況，恕道本身具有人性的根基，而恕道也上合天道，而這就是我提倡要弘揚恕道的原因。

今天，我的演講就到此結束。雖然演講結束了，但是我仍會繼續不斷的摸索，永不終止的學習、永不終止的努力。謝謝各位。

第三部

孔子思想的現代價值

——爲新加坡倡導儒學而作——

一

德國史學家益博能（Gabelenty）認爲評論歷史上的人物，應該有其客觀的標準，那就要看他對後世影響的：「時間之久暫」、「範圍之廣狹」、和「性質的深淺」。從這種觀點來看，孔子在兩千五百年之後，人類的三分之一把他的敎訓奉爲立身處世的準則，那無疑的，他是人類最偉大的人物之一。

孔子何以能有這麼偉大的影響呢？乘勢興起，轟動一時，迎邀投好，風靡全世；都不是難事，而經過兩千多年的考驗，仍然歷久不衰，直到二十世紀的今天，還有三分之一的人們尊崇他的思想，實踐他的敎訓，眞是太不簡單了。此無他，只因孔子抓住了人性的精義，把握到了「人之所以爲人」，世事雖是變幻無常，問題也是複雜不盡，但只要還是人的問題，只要還是人的社會，便勢必以此精義爲中心，而可以拿這原則去指導。若拿人世譬作磨，磨盤雖萬轉無窮，而磨軸則中立不動，從容肆應，毫無虧欠。而孔子的思想就正好比是這軸心。兩千五百年在個人看是漫長無涯的古老，但從宇宙發展的觀點看，這兩千五百年算的了什麼？怎麼能影響一個眞理的超時空性，這就是孔子思想爲什麼在今天仍有百分之百實用價値的道理了。(當然，我們要運用得正確。) 古人說：「天不變道亦不變」，其意就正在此。

二

五四以還，新潮興起，大家面臨國事頹唐，不知振奮圖強，改弦更張，接着棒子跑下去，卻羣起詛咒過去的一切，而把罪過一古腦兒的堆在孔子的頭上。在他們看來，今天所以不能維新應變，全是受了老辦法的害，而這老辦法便是孔子給我們作好的囚籠。甚至倡言着不根絕孔子之道便無從去說科學，好像孔子就是一切進步的障礙冰山，這眞是欲加之罪，何患無辭了，孔子號稱「聖之時者」。刪《詩》《書》，定禮樂，作《春秋》，便是日新其德，精進不已的最好說明，他把握的是精神是原則，幾曾堅持過什麼一定的形式而不許變？這並不是我們替他開脫，看他自己的話吧。

「禮云、禮云，玉帛云乎哉？樂云、樂云，鐘鼓云乎哉？」（《論語》陽貨）

「人而不仁如禮何？人而不仁如樂何？」（《論語》八佾）這不清清楚楚的說明：孔子所注意的乃是禮的精神，乃是「仁」（心、動機），而不是那些玉帛鐘鼓的形式麼？近人不知本着孔子的精神，因應興革來應付新的局面，反而食古不化抓着過時的禮法制度去罵孔子，眞令人啼笑皆非，不知所云。尤其關於科學的論點，科學是一種學術，孔子的教訓是作人，實在看不出二者有何冰炭不可同爐之處，西洋人虔信基督教還可發展科學，何以講講作人的道理，就不能研究科學了呢，這眞不知是那一國的邏輯？而這種未經大腦的謬論，在五四運動以後，竟居然蠱惑一時，甚且還爲黠者利用以逞其私，眞可說是魅魑當令了。

西方科學發達，如所周知乃是培根發明了歸納法後，三百年的集體努力，我們以前雖也有極多的具體貢獻一如李約瑟之所云，但那只是科技的創制，而不是科學的研究，我們在這方面，不僅晚了三百年，嚴格說來，還根本未起步，那焉能與西方比，這與孔子的思想有什麼關係？好比一位在深山苦讀的人，我們能說他不會游泳是爲了讀書的原因嗎？他要一旦來到水濱，自然會泳，甚至還正因爲他讀了書，頭腦聰明，而學的快，泳的好呢！——同樣的，孔子思想不僅不是發展科學的障礙，說不定還因爲作人的成功，而更加強了研習科學的功能呢！試看今天在美國無數華裔的學者，都在自然科學方面具有極爲卓越出衆的成就。就拿太空、核子這些科技巔峯的事業來說，縱非沒有華裔人士就辦不成，至少華人曾有許多壓倒性的貢獻，不可抹殺。例如登陸月球不就直接得力於陸孝同的公式麼？

這些事還可說是易地培植的特例。好，我們再就本土的集體表現說吧。三年前日本的政治家椎名指出：二次大戰後社會經濟最爲突出發展的，一共有五個地區：卽日本、南韓、臺灣、香港和新加坡。而這五個地區全是崇奉孔孟之道的，——這是千眞萬確大家公認的事實，你能說這全是巧合嗎？這一事實不僅粉碎了孔子思想妨礙科學發展的謬論，相反的證明唯有孔道大行，人人都知好好作人，社會都知崇禮尚義，公平而合理，然後才能專心上進研習學術（包括科學），合羣共濟發展社會經濟。

三

由上可知，孔子思想是超時間，超空間的，他的敎訓之正確性，一如「二加二等於四」，絕不是「短短兩千多年」能影響其正確性的，今天雖是科技猛進，社會空前繁榮，但人性的深處，羣體的本質，則仍是今古如一，毫無二致，從前正確，今天依然正確，不發生什麼「現代不現代」的問題。

孔子不僅思想正確，尤其他對事務的安排，問題的處理都是一本中庸之道，這一點就更投合今天的需要，而給人們帶來安和穩健的坦途。怎麼說呢？今天世象繁複，枝葉叢出，使人惑於表象，而難抓到重點，專家們更是只見樹木，不見森林。一切方案辦法，往往只見眼前之利，而忽略了全局的發展，不僅治絲益紛、並且導致了「偏至」的發展，等這一發展偏到不可收拾時，再搬出另一偏至的辦法來糾正。——這樣不論是偏來偏去互爲更迭，還是各走極端兩相對立，都不能得其「正」，而帶來許多病痛和遺憾則是不容否認的事，而孔子的中庸之道就恰好能把它擺平。

姑以政治爲例來說吧，西方的政治不是尙集權就是尊個人，雖都各有精義，但也都有其不能解決的困惑。一九五九年我初到美國去敎書，有一天看到華盛頓大學校刊上登了一篇巨幅廣告；內容是一位風姿綽約的女郞，穿着一身俏麗的衣裙，向讀者招手。我還以爲是電影廣告呢，那知一看，竟是招兵的啓事，裏面說了，你只要一塡單子報名，就可享到無盡的好處。吃好的，穿好的，薪水高，生活有刺激。從夏威夷到萊茵河都能免費觀光遊歷，甚至退役後還可免費上大學……我眞愣了；這不是強盜拉人入伙的說辭麼？怎麼無一語及於對國家的責任？繼而一想，不這麼說又怎麼說？美國是以個人主義立國，國家是爲個人而存在的。你怎能反過來要求個人爲國家犧牲？萬一戰死沙場，國家再好，再興旺，還與他有什麼關係，因此怎能責以大義，要他「執干戈以衞社稷」？——人人卻只向國家討利，人人都不爲國犧牲，在承平的時候，自是其樂陶陶，一旦危急難至，試問如何應付，其理至明，勿待辭費了。——反之崇尙集權的政治，又要人們爲國家而生存，不論是把人民變成螞蟻和蜜蜂，還是要人民作炮灰，總而言之，都是否定了人的尊嚴，抹殺了個人的存在意義，當然更談不到文化的發展了。

由上可知：或是尚集權而否定個人的存在意義，或是重個人而危及國家的生存，兩者各有嚴重的缺失，都不能得其正。但要奉行孔子的教訓就沒有這種問題了。孔子叫我們作人，要作一個堂堂正正有尊嚴的人，所謂：「有恥且格」（《論語》爲政）者是。而這「人」是要在「君君臣臣、父父子子」、倫常踐履中，才能完成其人格，發展其作人的意義，因此我們急公好義，克己樂羣，那是發揮我們「中也養不中，才也養不才」（《孟子》離婁下）的精神，克盡我們對社會的責任。有時甚至爲國捐軀，那並不是有國無己，爲國家作炮灰，相反的那是個人對國家盡忠的高度表現，人生盡頭的圓滿完成。我個人的軀殼雖不復存在，但我卻光榮的走完我的生命歷程，並且正由這一「死」，而使我的作人精神大放異彩，照耀人寰。所謂「殺身成仁」（《論語》衞靈公）者是個人國家兩不偏廢，試問還能有再圓滿再完美的他途了嗎？（參看拙著《中國哲學史話》）

這不過是就政治問題舉一個例而已；其他經濟、社會、各種問題，若本照孔子中庸之道的原則，都能找到最合理的途徑。

四

孔子思想，還有一點最爲現代社會所需要的，那便是他的「恕道」思想，我們不能說推行「

恕道」，便可解決人類的問題，但要想解決今天的世界問題，避免人類的毀滅危機，卻一定先要實現「恕道」，這卻是斷然無疑的。

「恕」是指人與人間一種善意的共存心態，消極說就是「己所不欲，勿施於人」（《論語》衞靈公）；從積極講便是「承認別人的存在，尊重別人的存在」，人不能離羣孤處過魯濱遜的生活，國更不能消滅萬邦而孤存，既然大家都存在，便勢必要互相「承認別人的存在」，互相「尊重別人的存在」，然後才能和平共處，好好的活下去。否則便只有你看着我不順眼，我看着你討厭，再要有些利害紛歧的時候，那便你爭我奪，纏鬪無寧日了。

或者說：彼此相「愛」，不是更好嗎？這是高調、不切實際，「恕」，只是消極的不敢對而已，人人能作得到；「愛」則是要有積極的付出，不是人人能作的。何況「鳧脛短、鶴脛長」各有所適；你認爲好的，他不一定喜歡；你好意相加的，他不一定就受用。舉例說吧，二次大戰後，美國熱誠的向各處推行兩黨民主制，試問除了「招來怨恨製造紛亂」外，得到了些什麼？反之唯有採行恕道，才能和睦相處，共維良好關係，你就是提供卓越的理想主張，也要尊重別人自己的採行，聽由他慢慢發展，不能強施硬受呀！

今天爲了人類的前途，我們應該大力弘揚孔子的「恕道」，誠使「恕道」大行，不僅會確保國際和平、造成祥和氣氛，並且還會帶來許多寶貴的好處，其事繁多，說之不盡，姑舉下列三點略加陳述，以爲本文之殿。

㈠共謀解決爭端——人與人間，國與國間，天然的利害不能一致，有糾紛有爭議乃是必然的現象，假如都要有己無人，那勢必把對方消滅而後已，那也就只有訴諸戰爭了，還怎麼談得到解決問題?唯有彼此承認對方的存在，尊重對方的存在，才能心平氣和的坐下來，研判事實，尋求解決的方案。

㈡建立民主基礎——沒有恕道精神在背後，「民主」是假的，今天不能消滅你，自然一對一的投票，明天能消滅你，就消滅你了，還和你投票?美國曾和印地安人訂過四百多條約，結果只有把印地安人消滅而已，幾曾履行過條約?只有在精神上承認別人的存在，尊重別人的存在，這民主才是眞民主，我們若說「恕道」便是民主的哲學基礎，一點也不爲過。

㈢促進世界大同——往昔「大同」只是人們的理想，今天則是事實的需要。唯有實現大同才能確保國際和平，全面的解決人類問題，而恕道便正是實現大同必不可缺的心理基礎，同時又正是促進大同的精神力量了。

孟學旨要

一

中華民族若沒有孔子，能否存續到今天，雖難下定論，但沒有孔子，中國文化絕不是今天這個樣子，則無人能否認，足見孔子之重要，可是若沒有孟子，你能想像會有孔子嗎?這不是說沒有孔子這一個肉身的人，孟子後於孔子，如何會能影響孔子的存在事實?而孔子之所以爲孔子，也就是說孔子能在歷史上發生這樣偉大的影響，卻有待孟子而後行。

孔子既無炫赫的事蹟，又無動人的著述，弟子們記下來的教訓，又無一不是平淡樸實的庸言庸論。若無孟子有誰能在這平凡中看出他的偉大，看出那潛存的深遠價値。尤其要不是孟子那樣雄才浩氣，又怎能說服那些「有權威卻無學識」的諸侯，使他們尊奉這一介書生的孔子。至於在學術方面，言距楊墨，力闢百家，尙其餘事了。——正因爲有孟子這一番才氣縱橫的推擴，才擦亮了世人的眼睛，使大家對孔子另眼相看，列於最崇高的地位，而去崇拜他的超羣出衆的貢獻，否則還不是把孔子看成諸子百家之一子而已罷了。

二

正因孟子才華縱放非一般人所及，他的學問也不是一般哲人學者所能望其項背。許多千言萬語說不清楚的，他一句就抓住了要點，並且以此一點貫通上下，體用兼備使人行之也輕。須知「知也無涯」、漫逐無功，更難有下手處，只有抓住要點，以簡馭繁，然後才能盡其妙用，而孟子便正是這樣一位聰明絕頂的人物。他不僅在理論上洞明此理，而更能把這個道理活用在實踐的工夫上。他說：「言近而指遠者，善言也。守約而施博者，善道也。」（盡心下）不可以米鹽博辨、泛濫無歸。你儘管上知天文、下明地理，聞見多端，但總須抓住要點，有個中心旨趣。他告訴我們：「博學而詳說之，將以反說約也。」（離婁下）他更提醒我們爲學作人一切都要「先立乎其大者」（告子上）。唯其能先立其大，才能方向正確，把握住原則，而得到「守約而施博」的效果。

儒家的學說在求平衡發展，顧及到社會的全面和諧，這種圓融週到的主張，每使人苦於不知從何處下手，更不知怎麼個樣子去作。孟子卻眞有其立大守約的功夫，輕輕一語便抓住儒家的要點，微微一點(動詞)便告訴了你推行的秘訣。——他要我們：「中也養不中，才也養不才。」(離婁下)能「中」、能「才」，是我自己的事，我爲什麼要去養不中、養不才，殊不知就在這「一念萌生」中，生動的說明了儒家的精神，抓住了儒家的要點。儒家千言萬語，歸根結底就是要人們：「己欲立而立人，己欲達而達人。」(《論語》雍也)爲什麼要「立人」、「達人」，這不是邏輯的推斷，而是仁者的胸懷，儒家立身處世的基本態度。只要抓住了這一點，其他繁文縟節、品飾揖讓，都是末端，現在孟子輕輕的一句「中也養不中，才也養不才」，不僅把這仁者的胸懷表達無遺，還含蘊了強烈的社會責任感。這就更把儒家那種敦倫常，重世道的特徵，刻劃得清清楚楚。——眞是聰明到了極點。而更聰明的是他只用一個「推己及人」的妙訣，就鼓舞起人們立人達人的情緒，告訴了你愛人助人的途徑，他說「老吾老以及人之老，幼吾幼以及人之幼」(梁惠王上)，只要想到自己的父母，便想想人家也有父母；想到自己的子女，便想想人家也有子女。你自己的父母子女需要怎樣照護，便也想想人家父母子女也有同樣的需要，眞是簡單易作，妙用無窮，請翻一翻中外的哲學史看看，有幾位哲人能把學理和人生，這樣靈活的打成一片，眞是聰明到了極點。

他不僅是最聰明的哲學家，同時也是最聰明的政治家。

三

人們常說：「軍事是政治的延長」，若是仿照這句話，我們可說：「政治就是人生的延長」。己立、己達是人生的問題，而談到立人、達人，便自然進入了政治的領域。因爲僅憑一片好心，是不能有效的幫助衆人，更無從解決集體的問題，所謂「徒善不足以爲政，徒法不能以自行」（離婁上）者是，那也就是說爲善濟衆要有一套辦法。而孟子就正是有一套，來推行他那「中也養不中，才也養不才」的辦法，質言之，那就是他所說的「仁政」了。

一般哲學家論政，多半只能談談原則，甚至是空唱高調，不切實際，而孟子講仁政則不然，他爲政的目標自是要使「人倫明於上，小民親於下」，集體實現作人的道理，但在另一方面他卻深知：「無恒產而有恒心者，惟士爲能。若民則無恒產，因無恒心。」（梁惠王上），因此爲政之道首要爲民制產。而談到制產之道，他自全國的土地政策、經濟資源，以致到私家生計，都有他一套的主張與辦法，例如「畢政問井地」（滕文公上）那一章便是他土地政策的具體主張了。與梁惠王說的那段「不違農時，穀不可勝食也。數罟不入洿池，魚鼈不可勝食也。斧斤以時入山林，材木不可勝用也。」（梁惠王上）便是處理經濟資源的政策了。又如「市廛而不征，法而不廛，則天下之商皆悅而願藏於其市矣。關譏而不征，則天下之旅皆悅，而願出於其路矣。」（公孫丑上）那是對商旅的管理，這套管理的原則，從近代眼光看便是主張自由貿易了。而那一再申說的「五畝之宅樹之以桑，五十者可以衣帛矣。鷄豚狗彘之畜，無失其時，七十者可以食肉矣。百畝之田，勿奪其時，數口之家可以無饑矣」（梁惠王上），不正是家庭生計的最佳安排嗎？——請問古今哲學家論政，有幾位能這樣本末兼顧，而對實際問題能拿出一套辦法來，他說：「如欲平治天下，當今之世舍我其誰也？」（公孫丑下）那絕不是自我陶醉的話。

四

孟子既有高瞻遠矚的政治智慧，同時也不忽略實際的政情。要想把這些良法善制眞個付諸實施，那勢必要寄望於政權所在的各國諸侯。因此他也一如孔子一樣周遊列國勸說諸侯們推行仁政。

但這件事並不簡單，諸侯們一向位尊勢隆，受人奉承，潛意識裏便覺得一切與他們接近的人，都是想從他那裏乞求一點施與或好處，何況他們腦滿腸肥，又有幾個人眞能懂得仁政的意義。因此，問題就很難談攏了。但孟子卻有氣魄有智慧挫抑他們的驕矜，博得他們的禮重。孟子說：「說大人則藐之。」（盡心下）你們那些堂高數仞奢靡奉享，「我得志弗爲也」（同上）我根本沒把你們看在眼裏，有什麼了不起，不僅不發怵，反之還是操縱自如，把那些諸侯玩之於股掌之上。只看孟子勸他們行仁政的對話就知道了。

諸侯們聽到「仁政」，當然認爲是高不可攀；那知在孟子指導鼓勵下，竟是簡單易行，條條大路通羅馬，許多積習嗜好，在一般人看來都是不可原諒的，經過孟子的點化，不但不足爲害，反而正是通往仁政的橋樑。譬如齊宣王很坦白的承認他有好貨、好色的缺點，孟子說：那有什麼關係，你好貨好色，想到別人也同樣的好，而使別人也同樣的得到滿足，那就是王道了。梁惠王好樂好玩，面對着孟子很慚愧，孟子卻說：就怕他「好」（去聲）的不澈底。因爲只有使萬民安樂，才能有愉快的氣氛，好好的玩個痛快。——這簡直就是我們大人哄小孩子的辦法麼。小孩想看電影，大人說沒關係，只要把書背下來，我馬上就帶你去看電影，試問孟子對國王們的勸誘又與這個有什麼分別。

最精彩的是第一次與齊宣王見面時的對話。齊宣王一見孟子的面就問：「齊桓晉文之事，可得聞乎？」孟子馬上對曰：「仲尼之徒無道桓文之事者，是以後世無傳焉，臣未之聞也。無以則王乎」（梁惠王上），這當然是謊話。齊桓晉文之事，可說是那時的「近代史」，以孟子之博學多識，豈有對近代這些大事一無所知之理，那還談什麼國際政治？就拿孟子本人的話來說吧，在離婁篇便有：「孟子曰王者之迹熄而詩亡。詩亡然後春秋作……其事則齊桓晉文，其文則史……」（離婁下），這不清清楚楚的告訴我們，《春秋》裏面講的就是齊桓晉文之事麼？難道仲尼之徒還有不念《春秋》的嗎？那麼孟子又爲什麼說：「臣未之聞也」呢？那就是要挫抑齊宣王的驕氣了。孟子是一代大賢，見面之後，不來請教禮問，卻先炫耀齊國的光榮歷史，試想那是一種什麼心情，假如孟子據實以覆，下面便只有你吹我捧了，難道孟子不遠千里而來，是作幫閒清客來的嗎，因此孟子才當頭一棒，扭轉他的心情，你不是覺得齊桓晉文的霸業非常了不起嗎？我卻根本沒放在眼裏，不屑於去談，要談就談「王道」，那你來聽我的。——像這樣洞明心理，運用自如，不僅表現了談辯的高度藝術，並且還流露出一種政治家的「霸才」。

五

孟子不僅周遊列國，勸說諸侯，同時還與當時各家各派的學者發生論辯，對那些位尊氣傲的諸侯，尚且操縱自如，對付這些學術論辯的對手，就更是得心應手辯才無礙了。許多綜錯複雜的問題，他一下子就抓着中心要點；很曲折感人的說法，不僅一語點破的把它駁倒；並馬上指出所會發生的流弊，這些精彩的表現，也帶來一些誤解，而使人懷疑他好辯，他的學生公都子就說：「外人皆稱夫子好辯，敢問何也？」（滕文公下）——這眞是以小人之心度君子之腹了。難道孟子還喜歡跟人吵着玩，以勝人之口爲樂，而給人們樹立應循應守的大道。須知楊墨百家之學，都是各家自己的私見，縱非流弊百出，也是有待考驗。而孔子之道則是集列祖列宗經驗之大成，取民族傳統智慧之精華。是唯一健全合理的大道。但在楊墨百家之學興起後，衆說紛紜，各爭雄長；不僅主客不分邪正莫辨，甚至還因了平實無華，沒有楊墨之說夠刺激，乃使這主流正道黯然失色，受到大家的冷落。這就好像：飯本是養命之原，小孩子卻貪吃糖菓，而不要吃飯，大人反要千方百計去哄着他吃。孟子所處的時代就正是這樣一個光景，不過不是哄吃飯，而是勸行孔子之道而已。

爲了勸行孔子之道，不僅奔走呼號，宣說它的好處，同時還要與那些百家之學作理論的鬪爭。而在這方面最重要的就是給孔子之說建立深入不拔的學理基礎，那就是孟子所提出的性善說了。

孔學的中心觀念，可說就是一個「仁」字。當孔子之世，沒有人對這個原則有問題。大家只是肯不肯爲仁，或爲仁到什麼程度而已。及至百家之說與起後，爲了對抗百家的爭議，才有說明理由的必要，而抱這理由推溯到根源極致，就勢必要說明它的普遍性和其實踐的可能性。否則豈不成了孔子的「卽與遊戲」。針對此點，孟子乃就人性的深處，提出性善之說。旣然性善，人們便天生的在內心具有仁的種籽，當然人人可以爲仁，這便證明了仁的普遍性和可能性。說句近人的話，便是給孔學建立了形上學的理據，貢獻極大。尤其從歷史的傳承來看，他不僅發揚了孔學的精神，並且上承列祖列宗訓示的靈魂，下立百代學說的主流。可謂上下貫通，抓住了儒家一脈相傳的精義，弘揚了聖聖相傳的道統。

「憂患意識」看老子

一

人依天地而生，也自然秉承着天地的生機活下去。這也就是生命的源泉，活着的力量了。這股力量蓬勃浩瀚、勇邁無前，尤其使人心情高漲旺盛，充滿奮進的意志、成就的期待。這當然是可喜的現象；而也正是人生的基本動力。但我們所面臨的宇宙，尤其是我們身處的機緣境遇卻是萬變無窮，永不固定的。所謂「無動而不變，無時而不移」。不可能永遠碰到對我們有利的境況，能隨我們的心意發展下去。這利與不利的外緣，最多各佔一半而已，這還是套用「二分法」的說法，實際上，宇宙並非以我們爲中心，一切演變能恰合我們意願的恐怕可能性極少，反之不合乎我們要求，甚至對我們有害、有損的倒是一大堆一大堆的了。我們平常說不如意事十常八九，基本的原因就在此，因此我們不能僅憑着旺盛的意志，就認為勝券在握，靜待成功之必至。一旦不利的景象出現，不僅措手不及，不知如何應付，並且因為心理毫無準備，猝然而至，將會受到很大的打擊，所以輕率的樂觀勇奮是不足取的。孔子說：「暴虎馮河，死而無悔者，吾不與也，必也臨事而懼，好謀而成者也。」就是這個道理了。我們不可掉以輕心，把事看得太容易，反之我們要作最壞的打算，隨時準備不利事象的出現，所謂「臨事而懼」了。我們要在任何艱困中都有對策有辦法，完成我們的任務，所謂是「好謀而成」，而這種心理就是我們所說的「憂患意識」了。

憂患意識的本質，並不憂，也不患，它雖用的是感傷的字眼，卻不排除我們樂觀奮進的心意，相反的是要建立一個堅強有韌性的樂觀態度。這話聽着好像很矛盾，其實一點也不矛盾，這兩件事是屬於不同層次的，大致說憂患是針對着面臨事象的考慮，其本質是技術、是手段。而樂觀奮進則是人生的原則，是奮鬪的目的，是趕赴的方向。手段、技術非僅不影響目的和方向，並且一方面積極的加強了你成功的可能性；一方面還消極的保證你不淪落到失敗的途徑，因為好逸惡勞乃人之根性。自在安逸，無慮無懼之下，勢必鬆懈不振，流於放佚奢僻，其後果還堪想像嗎？假如能有憂患意識，則將警惕自勵，保持振奮努力的情形，一得一失其間不可以道理計。這還是從功效講，再從做人的道理計，我們果能保持這種不奢不佚、不驕不肆、兢兢業業的狀態，那就正是一個理想的君子之道，而獲致人生的安康大道。若以此為教，實是最健康的教育，正唯如此，往聖先賢，無不以憂患相勉，訓誡我們要「有終身之憂」，才「無一朝之患」，而孟子甚至提出「生於憂患，死於安樂」的警告。

二

聖賢雖都以此爲教，所教的重點則互有不同，大體說，儒家都是從做人的道理來講，雜以經驗爲印證，而道家則是以事理來說明，尤其老子有極深刻的論述，他從形上學的層次指出宇宙演化的情況，一直到人世的興衰起落……在在說明弱道的大義，而給憂患意識提供了強而有力的哲理基礎，意深旨遠，不是一般浮詞俗見所能比，只要稍一涉覽就知道了。

首先從天道說，他指明宇宙間一切對立相反的因素（或事象）都是上下交替正反互變的，他說：

「天之道其猶張弓與！高者抑之，下者舉之」（七十七章）他又說：

「有無相生，難易相成，長短相較，高下相傾」（第二章）總之一切對立相反的東西，無不永遠是互相變化，發展到對方，這是宇宙演化的基本動向，而在這演變過程中，老子提出有一個永遠不變的通例，就是一切正面性的，強性的，也就是我們世俗欣喜稱讚的，全要遭受打擊，所謂：

「堅則毀矣，銳則挫矣」（《莊子》天下篇關尹老聃節）

反之，一切能適應，而受到好處的，卻是「弱」者；也就是世俗不喜歡，不神氣的那一面，所謂是：

「弱者道之用」（第四十章）

甚至是：

「柔弱勝剛強」（第三十六章）

「天下之至柔，馳騁天下之至堅」（第四十三章）

這種現象可說是宇宙的總原理，反映在各種方面，反映到各個層次，絕無一事例外。

三

宇宙變的眞象既是如此，我們就應該面對事實，採取配合宇宙的作法，不可一味主觀的自我陶醉，志氣昂揚，隨心肆欲，甚至是暴虎馮河，不可一世，以爲奮力必可圖功，工夫到了必有收穫。這全是錯誤的想法，對宇宙眞相的不認識。一般人所以求全反毀，事與願違，原因便全在此，殊不知宇宙間的佳況並不能長駐永保，尤其不是朝着我們的喜好而演變，反之卻都向不好不利的方向演變，老子一連串的說：

「金玉滿堂，莫之能守」（第九章）

「福兮禍之所伏」（第五十八章）

「正復爲奇，善復爲妖」（第五十八章）

儘管天道正反互變，也有變好的可能，但是好的變化不一定給我們帶來好處，而壞的變化，卻斷然的會給我們打擊，使我們無法免除其災害，何況就天道講，這消極面的、低層次的才是其重點之所在。否則何以單單會是「弱」才取得道之用呢！

因此，我們一定要正視天道的實相，一切都要配合天道的發展，絕不可以爲己力雄偉有效，可以勝過天道，更不可心情高漲，預期萬事萬務都向着自己有利的方向發展，反之我們要從低姿態作起，一切先求保住本，守住分，所以老子的原則是：

「知其雄，守其雌……知其榮，守其辱」（第二十八章）

我們不是要高昂進取的貪得進取求其榮，而是要：

「知足不辱，知止不殆，可以長久」（第四十四章）

我們絕不可以妄期幸運致福，「天上掉下洋錢來」，反之我們要時時警惕，應付不利的發展，謹防災禍的來臨，這就是我們所謂的憂患意識了，而這種憂患意識，才正是君子守常的心情，而爲老子智慧的所在。因此一個眞正有修養的人，絕不隨俗浮沈，浸逐歡樂，而卻是寧靜自守，他說：

「衆人熙熙，如享太牢，如春登臺。我獨泊兮其未兆，如嬰兒之未孩，傫傫兮若無所歸，衆人皆有餘，而我獨若遺。」（第二十章）

試問一個能明道深沈之士，那裏會有心情去爬山，烤牛肉去，而最有修養的人是：

「古之善爲士者……豫焉若冬涉川，猶兮若畏四隣」（第十五章）

而這一猶猶豫豫的「若畏四隣」就充分活現了憂患的意識，這就是老子認爲有道之士的應有表現。

四

具有這種憂患意識修養的人，其爲人處世的態度自然與一般人大不一樣了，一般人無不是爭強搶先想表現，而這有道之士卻是：

「以濡弱謙下爲表……人皆取先、己獨取後。」（《莊子》天下篇關尹老聃節）

「我有三寶持而保之，一曰慈，二曰儉，三曰不敢爲天下先。」（第六十七章）

萬一卽令身負重任，有義務要處理天下國家的大事，也不是出風頭求表現，更不會橫肆威權，那只有自取覆敗而已，他說：

「將欲取天下而爲之，吾見其不得已。天下神器，不可爲也。爲者敗之，執者失之。」（第

二十九章）

更不可窮兵黷武，世俗的人光知道用兵的神氣，而深刻有識的人，則深知用兵之後所帶來的惡果，他說：

「以道佐人者，不以兵強天下。其事好還。師之所處，荊棘生焉，大軍之後，必有凶年。」（第三十章）

假如要作，唯一正當的途徑是：

「取天下常以無事」（第四十八章）

「以無事取天下」（第五十七章）

所謂「無事」，並不是呆著不動，尸位素餐，而是「一切順乎自然，不可標新立異，妄生枝節」，那也就是老子所標榜的一切遵道，無爲而無不爲了，

一般人居於順境，便不免安樂自滿，以致滋生弊端，釀成禍事，但明道有識的人，則深知世事多變，好景難常，我們應該時時警惕，預防有壞事發生，有變亂形成，等到變亂已成，災害已有那就很難辦了，因此我們務必要注意，一有發生災亂的可能，立卽防止取除，而消患於無形，所以他要：

「爲之於未有，治之於未亂」（第六十四章）

這便不費吹灰之力，而保天下於泰山之安了。老子爲何能輕鬆的「以無事取天下」呢？就因能這

樣深明宇宙至理而又有洞燭機先的高度政治藝術了。

五

人是社會動物，人與人間關係複雜，更要本乎憂患意識相接相處，否則豈不是時時衝突，處處糾紛，一般人逞強務爭，自以爲喜，殊不知那正是市禍找災，自己作孽的作法，經驗告訴我們：

「強梁者不得其死」（第四十二章）

「勇於敢則殺」（第七十三章）

這都是無法避免的後果，反之在「弱者，道之用」的天理下只有

「勇於不敢則活」（第七十三章）

「柔弱者生之徒」（第七十六章）

因此我們必須從柔弱不爭處下手，「柔弱」看着好像不神氣，不光采，實際上卻是立於不敗：最安全、最可靠的途徑。「水」就是一個最好的說明：他說：

「天下莫柔弱於水，而攻堅強者莫之能勝」（第七十八章）

同樣的與人不爭，看似吃虧退讓，毫無好處，那麼正因與人不爭，而別人反倒無從與之相爭。所

謂：

「夫唯不爭，故天下莫能與之爭」（第二十二章）

須知：這不爭才是人生的正道。老子說：

「聖人之道，爲而不爭」（第八十一章）

別看聖人不爭，反而倒有美好的收穫，所謂：

「天之道不爭而善勝」（第七十三章）

我們若能效法聖人而行天道，我們也一樣會得到「不爭而善勝」的結果，因爲人家看到我們大公無私，自然就對我們敬佩、信賴……以致推崇擁戴，把我們推尊到無比的高峯，這時我們無心利己成私，反倒衆槃易舉，締造了自己一人絕對無法獲得的成就，眞是老子的話：

「後其身而身先，外其身而身存。非以其無私邪？故能成其私。」（第七章）

六

從上面一連串的分析看來，我們立身處世只要採取低姿態，抱着憂患意識，眞可說是盡合天道、無往不利。但是，人總是人，這樣一味憂患，處處謙下，不是太消極了，那我們還能保持樂觀奮進的心情嗎？假如全沒有了樂觀奮進的心情，我們還怎麼作人做事呢——這不成問題的，我們前面說過憂患意識與我們樂觀奮進不在同一層次，爲了更清楚的掃除這一陰影，下面且錄一段舊話，我在拙文「悅樂的人生觀」中，呼籲人們要高高興興的活着，但這與憂患意識並不衝突，憂患也不影響我們心情的高興樂觀，且看我們下面的說明：

「說高興，是對整個人生所採的態度；而憂患，則是對事務發展的臨事而懼未雨綢繆。它是一種基於同情或自勵的低調打算，只是人生的局部謀慮，並不涉及對整個人生所採的觀感與態度。譬如棋迷參加友誼棋賽，在賽程中兢兢業業，全心警惕力防挫敗，那便是他的憂患意識了。但這憂患卻絲毫不能影響他參加棋賽的高興。同樣的，我們儘管有『終身之憂』，卻不能動搖我們的『終身之樂』。反之就在這憂患中，每會孕育出無盡的高興素材。憂患而能有成，自會感到成功的悅樂，不必說了。卽令在憂患的奮鬪中，也會有一種心安理得，自感盡到責任的安慰。——因此，憂患又與『高興』有什麼衝突?」

可見憂患並不影響我們的樂觀奮進，更不會沮喪我們的作人作事，建功立業。反之它卻是叫我們提高警覺，沈着自守，而保證我們的成功，這就是憂患意識之可貴而孟子高呼「生於憂患」了。

摒棄宋明理學的衰論，樹立大有爲的領導思想

一

九一八事變後，大家爲了激勵士氣，紛紛表揚岳飛、文天祥、史可法，於是羅家倫先生出來糾正，認爲值此國難當頭，亟須振奮自強，不可專事歌頌失敗人物，但今天卻有遠比歌頌失敗人物更嚴重的，就是大家忽然熱衷一種有欠剛健振作的思想——宋明理學。宋明理學雖好（試問岳、文、史又何嘗不好），不容否認是偏於靜弱自守。而我們今天的時代則是要發強剛毅、進取有爲，思想若還能影響社會人心時，我們是否應該倡導一種精神相反的思想，實在值得懷疑。反之，我們若要配合時代，應該面對現實，建立一套有血有肉大有爲的思想，而不是鑽研陶醉在前

人的舊說。

所以，我要大聲疾呼：「摒棄宋明理學的衰論，樹立大有的領導思想」。宋明理學何以今天不宜提倡，且分功效及本質兩方面陳述於後。

二

首先且從功效方面來說：

第一、儒家自是我們中華民族立國的根本大道。今天「亞洲五條龍」（日本、南韓、臺灣、香港、新加坡）的成就，更是儒家思想健全正確的明證。但是宋明理學卻不是正牌原版的孔孟大道。這並不是筆者故為挑剔，而是大家公認的定論，西人稱宋明理學為「新儒學」（Neo-Confucianism）國人近也多承其說。既稱之為「新」，當然便與原有的有些不同。這「不同」之點，正是宋明理學突出的表現，而為其精義之所在。遺憾的，這些突出不同處，也就正是我們今天不能接受的癥結。若不此之別，竟把已走樣的宋明理學，當作了原版的儒學來崇奉，那就是表錯了情、就誤了事。

第二、宋明理學（尤其在宋代）一個重要的時代使命便是排佛。他們要在印度思想瀰漫中，把中國人的精神解救出來，建立自己本土的學術思想。在這方面，無疑有其卓越的成就。但這一使命和成就今天已落空。今天我們奮鬥的是要從歐美學海中立張本，打條出路。就這一使命講，宋明理學有點不對功。

第三、宋明理學排佛是排成功了。但在排佛之餘，卻也嚴重的中了印度佛學的「毒」(?)，而使儒家的情調變了質。儒家的基本旨趣是在濟世立人。而宋儒則把人生的重點，放在內在的修養，王陽明彌留時，門人問遺言，他說：「此心光明，亦復何言。」請問這究竟是先秦儒家的情調，還是佛教禪宗的情調？陸游死前說：「死去原知萬事空，但悲不見九州同。王師北定中原日，家祭勿忘告乃翁。」談玄論道的一定認爲這詩境界不高，學未極致；但他卻是百分之百的儒家情調。而王陽明的話不正是「此心本無物，何處惹塵埃」的情調麼？這一宗風，實不可再承襲於今日。

第四、再者宋明理學的歷史紀錄，也不能毫不考慮。在宋明理學昌盛之後，中華民族一亡於元，再亡於清。我們縱不能把亡國的責任全推在宋明理學身上，但學術思想對國家的盛衰興亡，總不能說一點關係都沒有吧？明亡時，士人慨嘆：「愧無半點匡時策，惟餘一死報君王」。而其所以無策，不正是「平日袖手談心性」的後果麼？蕭公權教授便公然指責：「朱陸一切心性仁義之說，不啻儒家之清談，足以致中原於淪喪而莫可挽回。」（見所著：《中國政治思想史》）難道我們還不足警惕嗎？

三

其次再從學術的本質來談。

宋明理學家無慮萬千，每人也都有其各自不同的主張，但在衆說紛紜中有一個共同宗尙的旨趣，便是：「去人欲，存天理」。一切理氣、良知之說，都不過是要達到此一目的而已。這一主旨響亮正大，沒有話說，但問題卻出在：什麼是天理？怎樣才不算人欲？——無疑的，這一觀念的理解，將決定學說的實質內容和其努力的方向。面對這一問題，宋明理學家實有其共同的「偏見」（當然，他們自己都認爲是「標準答案」），而這一「偏見」則是由下列背景所促成：

一、思潮的影響——儒家的思想，自從孟子高倡義利之辨時，便開始滋生歧義。經過「黃老」、「清談」的洗禮後，便把精神的重點從：「正其誼」、「明其道」，逐漸轉移到「不謀其利」、「不計其功」了。後來出世的佛教思想從印度輸入瀰漫中國，就更加強了消極的情調。生活在這種氣氛中的思想家能不受其感染者幾希。

二、道德的刺激——唐朝安史亂後，藩鎭之禍與起，繼之以五代變局（按：五代實質上就是藩鎭之亂）。直到宋朝建立，兩百年間（公元七五六—九五八）生民塗炭，黑暗無邊，人間已不知道德羞恥爲何事。宋儒身承其流，豈不痛心，因此莫不力倡道義，表揚氣節，以事匡挽。小程夫子的「餓死事小，失節事大」，就正是這一奮鬪的代表呼聲，但在匡挽之餘，難免矯枉過正，遂致過份的重視內在品德修養，而有略於外在的事功施爲。

三、社會的守常——從前農業社會安定少變，一切習於故常。上上下下從沒有人想到求變造福，開創興建，（只有秦始皇、王安石，算是個例外。）政治的責任就在維持秩序，使大家能按部就班的過日子就是了。司馬光給王安石的信不就公然說：「自古聖賢治國者，不過使百官各稱其職，委任而責成功也。其所以養民者，不過輕租稅，薄賦斂，已逋責也。」試看這裏面可有一絲是要振作有爲，替人民積極謀福利的意思，而妙在這就是大家一致公認的治道了。宋明理學家又怎能例外。

四、書生的習氣——中國的讀書人一向都是關在房裏，在書本上作工夫，而不親實務。遠自孔子，人便譏爲「四體不勤，五穀不分」，宋明理學家也正是這般「秀才不認得秤」的人物。因此讓他們高談心性，縱論名理倒還優予爲之，若要眞個去研究經世濟物，實在瞠目不知所云，沒有下手揷嘴處。縱令有人決心脚踏實地去研究，也不得門徑，只有知難而退。王陽明格竹子便是個典例。因此大家也就樂得偷懶，談談空論，講講修養了。

上面這四種背景，都亟稱深遠有力；就思想問題言，第一點尤爲重要。生活在這一氣氛中，不爲學則已，才一爲學，便受其浸染，鑄成自已先入爲主的潛識；很少有人能石破天驚般跳出窠臼，而興振作有爲念頭。——宋明理學標榜「去人欲，存天理」原是不錯的，但在上述背景影響下，便把這一主旨導流於消極的偏差，而不自覺。什麼是天理，怎樣算人欲，全從含歛靜守的觀點去理解，而忽略了其剛健有爲的一面。「生於其心，害於其政」，因此論事、爲學，無不呈現消極的情調。這不是我們主觀爲用拿現代人的標準來衡量，而只要與先秦儒學一比照，就昭然若揭了。

先從「論事」講——儒家的基本精神便在濟世立羣，而修身的主旨便是爲了善羣。所以說「君子學道則愛人，小人學道則易使也。」（《論語》陽貨）但宋明理學則是一味側重在「存心養性，明辨是非」。孔子論成人要有「臧武仲之知，公綽之不欲，卞莊子之勇，冉求之藝，文之以禮樂……」（《論語》憲問）而曾子更落實說要能「託六尺之孤，寄百里之命，臨大節而不可奪。」（《論語》泰伯）試問宋明理學家除了「公綽之不欲」、「臨大節而不可奪」兩點消極的有守之外，可及其他？縱或論列，也是隔靴搔擬，虛應故事而已，誰去認眞的鑽研履踐？

至於「爲政」更是有過之而無不及，孟子是首倡義利之辨的，而一再呼籲「仁政必自經界始」，要行井田制度爲民制產，要「五畝之宅樹之以桑……」而使民生樂利。荀子更是公然講「王制」、「富國」、「彊國」、「議兵」。試問宋明理學可曾置重這些事？在他們心目中，只要國家能保持秩序，人民能平穩的活着，政治就算已盡其能事了，從未想到積極開創造福致盛。蕭公權先生說：「經世致用本爲儒學之傳統目的，然漢唐宋明之儒，多注意仁民愛物，休養生息之術。一遇富強之言卽斥爲申商之霸術，不以聖人之徒相許。後漢王符荀悅諸人雖針砭衰政，指切時要，然其所論亦不過整飭綱紀、補救廢弛諸事。積極有爲之治術，固未嘗爲其想像之所及。」（見所著《中國政治思想史》）可謂的論。

再說「爲學」——先秦儒學本極平實近人，後來宋明理學受到佛學的影響，才大講玄言，好作形上之論。從純哲學的立場看，自是大大的提升了講論的層次，但「利之所在，弊亦生焉」。流弊所及，乃使作學問的人趨鶩心性理氣之談，以爲這才是學問的極準；而反忽略了「學術之所以爲學術」的本義。這一風氣不僅影響了後學，而妙在還硬拉古人爲同列，拿着這種旨趣來改造原始經典的面目。

就以宋明理學中心尊奉的典籍《大學》來說吧，三綱領之首「大學之道，在明明德」，這所謂「明德」分明是指一種給人民帶來福澤的善政，也就是「文王之德」，「周公成文武之德」的德；證以後文引註的「康誥曰，克明德」、「帝典曰，克明峻德」，其意更明（試一察閱《書經》各該條的上下文，卽明）。因此，「明明德」者，就是要把這明美之德，昌明光大普澤人羣而已。正唯如此，所以才說：「古之欲明明德於天下者，先治其國……」但是宋明理學家卻「高推聖境」，把它解釋成高深的內在修養。朱子說：「明德者人之所得乎天，而虛靈不昧，以具衆理而應萬事者也。」（《大學》朱註）王陽明也說：「是乃限於天命之性，而自然靈昭不昧者也，故謂之明德。」（王陽明《大學問》）

朱王是理學的最高代表人物，他們措辭用語雖異，而旨趣則一。全是要作極盡深刻的詮釋，而爲儒學建立卓越的形上基礎，這自是難能而可貴；但試問大學一篇從頭到尾可曾絲毫具有這種意思？甚至可說《大學》的作者，根本就沒有這種思想，顯見是與古來原典發生了歧異。有歧異，沒關係，甚至能生歧異，才有進步；但這一歧異卻是架空了理論，而忽略了實務。拿這種思想來指導社會，又怎能不流於「愧無半點匡時策」的後果？當年朱子曾批評佛學是「極近理而大亂眞」（中庸章句序），我們也可以套用這句話，而批宋明理學是「極高明而大誤事」了。

四

綜觀上述，不論是就功效的角度，還是就其學說的本質，宋明理學都不可持奉爲當前的指導思想。我們並不是對宋明理學有成見，而因：今天是一個競爭激烈、高度發展的時代。我們縱不說宋明理學全然無用，至少它的優點長處不能配合今天的世運，則是不容否認的事。在往昔農業靜態的時代，還「足以致中原於淪喪」而導致亡國之痛，試問豈可再行之於今日。今天我們不講思想則已，如其要講，就需要一個足以鼓舞羣倫、大有爲的思想；而不再是宋明理學以及一切「宋明理學的改裝」。

所謂「改裝」，是指近人吸取西哲精華，美化宋明理學的努力。這些人都是思想界的志士。他們不僅熱愛中國的學術文化，並且毅然承擔道統的抱負，而這一情調正與宋明理學家前後呼應，一脈相承。因此就很自然的認同宋明理學，而負起宋明理學第二循環的工作。那也就是再一度的「吸外抗外而自立」了。「外」就是指西學，而「自立」便歸落到充實宋明理學使其成爲今日思想的主流。這一旨趣可從他們自許爲「新儒家」一語得到解答。「新儒家」本是西人對我宋明理學的稱謂，現在竟爾採用，就是取其一語雙關的妙用。一則就西人原意表示承襲宋明理學，二則就「新儒家」字面的意思，表達了延續道統、領導當今思想的抱負。他們這種志趣令人至爲欽敬，而其努力的成就也確乎卓然可觀。但我們若作深入的觀察時，這可觀者只是哲學的技術和形象，而其本質則依然還是宋明理學，他們自命爲「新儒家」不就是明證嗎？——正唯如此，我們才把他們這種努力稱之爲「宋明理學改裝」；同時也正爲他們是宋明理學的「改裝」，所以才與宋明理學一樣，都不能作爲領導今天社會的思想。萬一此道大行，人人服膺，縱令格調高尙，精微可嘉，但其後果恐怕也將會蹈「足以致中原於淪喪」的覆轍。

五

綜觀上述，可知宋明理學今天已不宜再尊奉爲我們的指導思想。儘管有人刻意美化，以「新儒家」來標榜，但其本質仍是消極靜守的那一套，而與今天這種百花競放、全面發展的社會不能配合，更談不上領導了。

面對着今天的時代，尤其針對着中華民族的處境，我們需有一套陽剛振作大有爲的思想，來領導我們，以使人心振奮興作，社會精建發展；而逐步邁向世界大同，否則一切都是空談。縱使析理精辨，陳義高玄，也不過是「戲論」而已，那還要哲學作什麼？

至於怎樣才是大有爲的思想，這將有待大思想家的興創。絕不是我們可以隨意塑造的。不過萬事有其常理，大有爲思想的內容究竟如何，雖非所知，但要果眞是大有爲的話，勢必具有下列諸般性質，這卻是我們可以斷言的：

一、面對事實——要能發揮大有爲的作用，首先就要掃淸依傍，面對事實，而作獨立求眞的思考。我們承襲的是「傳統智慧」與「學術訓練」，而不是過時的死板敎條。一切主張立論應該是從事實抽繹出來的合理結論，縱有玄言妙語，也應該是「匡時濟世之見」的提鍊與昇華，絕不可削足就履，把旣定的成見去宰割活生生的事實。尤其今天萬里同風，問題旣是牽連一起，思想更加沒有國界。我們絕不可抱殘守缺，把陳腐失時的陋見，硬搬在今天來使用。反之，我們應該高瞻遠矚，針對未來動向，提出一套有本有末合理可行的大道。

二、積極有爲——我們說：面對事實。試問那一個大思想家的學說不是面對事實？除了模仿家才閉着眼睛祖述師承呢。問題是要看對事實所採的態度。宋明理學家承襲道家風旨，對於世事一貫的要保持現狀，壓制發展，使其愈簡化、愈寧靜，就愈好。正是老子所說的：「爲天下渾其心」（《老子》四十九章）；「……化而欲作，吾將鎭之以無名之樸。」（《老子》三十七章）

這全是一派消極無爲的作法，不僅不能行之於今日，而也不得天理之正。正統的儒家是講：「天行健，君子以自強不息」（《易經》乾卦）。不僅要我們秉承天道的剛健精神去振作自強，並且還具體的指明要「開物成務」（《易經》繫辭上傳第十一章），而認爲「富有之謂大業，日新之謂盛德」（仝上第五章），這才是一個社會所應循的正軌。從乎宋明理學的領導，社會人生縱不日趨萎縮，至少也不會發揚，而只有從乎這行健不息的大道，才能開物成務，而致盛德大業。中庸說：「大哉聖人之道，洋洋乎發育萬物峻極于天。」（中庸二十七章）這就是說：聖人之道所以偉大，就在其使萬物都能得旺盛而極致的發展。反過來說：只有能導使社會有這樣美好發展的，才算是偉大的聖人之道。而我們今天就需要產生這樣一個領導我們的思想。

三、發揚才智——爲了同一理由，對「人」的要求，是要發揮其潛能，以成就才華，而有貢獻。「人爲萬物之靈」，靈就靈在人的「可塑造性」，就原始形態講，人眞是如荀子所說「力不如牛，走不如馬」，是很脆弱的動物，而就因爲人有無限發展的可能性，乃使人成爲萬物之靈。假如不把這些卓越的可塑性發展出來，不僅埋沒了人的才藝功能使其與萬物同朽，同時也辜負了天之生此美質，斲喪了應有的天道表現。譬如碗大的牡丹只開成茶杯大，稀世的龍駒卻用來拉糞車，試問你將作何感想?因此我們不能只知教人循規蹈矩，克己復禮，而忽略了內在才性的發展。反之我們要使人所蘊含的良才美質，充分的發揮出來，這不僅成就了人之所以爲「人」，同時也彰顯了天功。

四、合理人生——宋儒標榜「去人欲」，本是要淨化人生的善舉，但影響所及，不僅視欲念爲罪惡，甚至人生享用，都唯恐觸及，這實在是矯枉過正了。人是生物，生而便有欲，欲而不能暢遂，那便不用活了。因此欲又怎能一概籠統的都視爲罪而要去呢？孟子不就明白表示「好樂」、「好色」都不礙王道麼？而一切行仁政的君王不是也要爲人民謀福祉，講求「厚生」麼？因此合理的人生絕不是一味的消極去欲，何況「欲」的標準萬變不同，無法判定取去；相反的，我們應該肯定人們有權去暢遂生理的欲念，人們有權去安排自已的生活享用。問題是在作得要合理。要優美高尚，人要遠離禽獸境界，而活一個高雅像樣的人生。

五、正思正念——上面一再強調發展，那麼就不講心性了嗎？講的，但不是佛教式的寂滅講法。從乎佛教的旨趣，心要澄澈明淨，一念不起。這是違反自然的，假如眞要一念不起，那不僅「心官」報廢，而「人」也就不復存在了。天生人而有心，就是要人能思能念。我們如其要講心性修養，勿寧是訓練其能有高品境的思，能生高品境的念，絕不是使其不思不念，那又與木石何別？心境澄澈，固是可貴，應該存保。但這一境界應該是正思正念的基礎和起步，以確保思念之「正」；而不是正思正念的終止。如其要以心境澄澈去冥合天道，應該是冥合其生生不已的大德，冥合其行健不息的大運，絕不可專去逢迎天道的寂虛靜照。如其各有所偏，我們寧願偏在動的一面，只有承襲其動，才使「天」、「人」、「世道」，得其存續運化。——宋儒排拒二氏，而捨「靜」而言「敬」，只此一轉，便化虛寂爲有爲，眞是高明之至。可惜宋儒雖知言「敬」，而實踐習行的卻還是不折不扣的「靜」，可謂執金玉而玩泥沙，遺憾之極。在這一點我們倒眞要替宋儒爭氣，好好的發揮一下持敬的眞精神。

上面幾點，都只是針對往失而寄望於未來的呼籲而已，豈足以言大有爲的思想。眞的有血有肉足以領導一代的大有爲思想，勢必要仰待大哲學家的挺出而創建。同時所有好學深思的人也應該當仁不讓，彼此切磋與共勉。

七三年七月廿三日刊於中央日報

附錄

論學書兩通

一、從宋明理學談起——與吳怡教授書

怡弟如晤：

四月十八日來函早經收閱。雜事既忙，又欲稍抒學感，乃今始覆也。來函所云「高善」「低善」各節極有見地，大抵西方學者所爲皆係知見之學，質言之皆邏輯之推論也，只能坐而論道乃羌無故實，其欲生救人淑世之效，難矣！

來函云余之「自學」後者較精純，極是。蓋後者爲余正式發表之定稿，而前則爲不定稿，且此「不定稿」今已決定重寫並將刪棄若干部份也。余寫「自學」才不從心，甚爲艱苦，然在艱苦中卻每有體驗日增之心得。迄今爲止，余「自學」究能寫至何種程度，非敢逆料，但對前人病痛

短失則有透闢之照見。例如方今中外一致歌頌之所謂新儒學，且有人以新儒家自命者。余卽發現此其所宗之宋明理學，本身就有大病亟待醫治，而絕不可全盤搬用於今世。宋明理學家吸收佛學營養以排佛，卻在無意中受染印度的毒素，乃將活潑有力的儒家導入於偏枯廢弛之修習。孔子言成人，原爲多才多藝有守且有爲者，今則一變而爲心如止水，非禮不動之木偶。彼等口雖高唱內聖外王之道，實則內聖猶稱接近，外王則全屬捫象之談，尤妙在積非爲是，竟認此「變相清談」卽爲外王之學，而此「外王之學」（？）又較之外王之業猶高一境，眞欺人之談也。周公、管仲、蔣介石，其所爲外王之業也。孫中山之三民主義外王之學也。卽余大同之主張，雖陋，亦可勉附爲外王之學，蓋以其對挽救世道提出徹上徹下之具體辦法也。至對外王人物之臧否、修養之商榷則外王之「論」也，若將外王之「論」卽視爲外王之「學」，是猶視武俠小說之作者爲大俠矣。學風若此，是名倡而實廢之也。明末「愧無半點匡時策」之類卽其明證，其所以致此者，殆由三弊：

1.受印度毒素，如前所述。

2.學人無知而懶——一切實學皆須寖染研習確有所知。外王之學尤須才識，不若空論之可閉居斗室，紙上構畫也。前些年國內青年一窩蜂趨騖邏輯實證論。曹敏先生評之曰：此輩青年好名而不肯力學，只花幾個月時間，弄一套自成結構之說法，便認爲已達學之極峯，且持此以評是評非，痛斥前賢，一若不可一世之大師。天下那有這種廉價的登龍術，此弊又豈止邏輯實證論哉？

3. 彼此標榜自欺——一夥人相聚必有其共同的趣味與好尚，彼此標榜讚嘆原爲意中事，但流弊所及則以爲天下之美悉盡於此，不僅欺人，抑亦自欺，若更人多勢大，蔚成風氣，乃使異乎此者不能存在，宋明理學類此者數百年矣。

以上各項以第三點最爲嚴重，其道縱有缺失，然不害其建立一「持之有故、言之成理」的說法（如荀子所非之十二子）此說一立，遂成爲封閉的理論系統，於是對「人」形成獨斷的高壓，對「己」否定了改進的可能（殆猶「智足以拒諫」）若此者，余杜撰一名辭稱爲「自誇網」。凡能成此網者，勢必將世人劃分爲二：凡對此道無與趣者，對之摸不着邊、抓不到要害，雖欲攻擊莫能下手，徒見其淺薄。而另一類人卽對之有與趣者則被籠罩網中不知網外更有天地。網之最者莫過佛敎，其體系之繁密，非一般人所能參透，甚且一與非議之念卽覺有罪，尚何敢言他？實則若跳在外邊來照看，則缺點流弊原極大也。今日西方所爲，一言以蔽之「以人滅天也」而佛敎之所修則爲「以天滅人也」否定「人」的存在。以人滅天固不可，然以天滅人，又烏乎其可？且亦不合乎「天」道，否則天又何必生此人，又何必生此多采多姿之世界，佛自己又何必「多此一舉」，遍察世道不設自誇網不作自我封閉者，唯孔子之學（一般俗儒及吃孔飯者不算），與科學（吃科學飯喊科學口號者不算），後者一切準乎理知，前者則訴諸良知（如云：汝安則爲之）若斯者方爲人類之大道也。

《金剛經》有云「應無所住而生其心」自是的論。然考諸實際，佛徒與宋明儒生之所爲者、所論者皆「無所住」而已。至對「生心」非僅慨乎未嘗言及，且竟自我陶醉，以「照」爲「生」，物來順應心如明鏡，「照」也、豈足以言「生」?況佛教根本就要人不生心不動念乎，今而後余所欲講說者，則在基於「無所住」而「生」其心，生何等心，小之則表現「人之所以爲人」而將世所習稱之科學、民主……等美德精業，自然融納於其中。大之則促進大同，講求爲萬世開太平之大道，終乎則期爲天地立心，爲生民立命焉。

以上拉雜而談，述懷而已:非云能之，乃所願也。雖是此中語不足爲外人道，然一時寫出亦可立此存照，以爲今後爲學之自勵也，然乎?否乎?尚希吾弟明察切磋有以告我也。

諸俟面傾卽頌

儷祺　並問兒輩好

起鈞　民國七十二年五月十三日

(適逢余六八初度，巧甚)

右函已複印一份寄吳森矣，附及。

註:關於「生」心一端，余不否認大受西方精神之影響，而肇端於在北大時，佛泉老師言 creative 之啓示。

二、「民主科學生根」質疑——與王邦雄教授書

邦雄賢棣：

那天我邀你來，眞是有些話想跟你談，不料你沒能來，而電話裏又無法說淸，索性寫封信吧。

鵝湖第一百期你那篇文章，我原以爲是對學生們說的普通話，前兩天我無意中拿來一看，才發現是篇大文章，其中「中國現代化過程的反省」一段，實乃講這一段歷史最深刻最精當的不刊之作，而其旨趣懷抱直可與韓愈之「原道」媲美。但，這只使我高興而已，並不是我要跟你說的，我要說的乃是你「當代新儒家的精神開展」那一段，我並不是要批評，也沒有什麼意見，而是這一段文章引起我的親切感和一連串的想像與疑問，而後者就正是我想要和你切磋的。

先說親切感，你說當代新儒家是要使民主與科學在中國生根，我從前年起，開始杜撰我自己的「哲學」，其中一部份正與此一運動不謀而合。例如我要寫的「恕道哲學」下篇之第一段就是要寫「恕道與民主」就是此種旨趣，而將來寫到「生命」、「學術」方面時，也自然會開發出科學來——因此這不正是你所說的要使「民主科學」在中國生根嗎？因此非常親切。

再說想像：我以前從來沒有想過，看了你這段文章，忽然引發了我一連串的胡思亂想，我拉

雜寫在後面：

㈠西方問題

1.「民主」、「科學」當然是西方文化中的產物。

2.西方文化中是否還可能產生其他有價值的東西？……或是西方文化已發展到了盡頭，而不再會有其他的東西了呢？

3.如其是前者，我們是否可「預謀機先」，而不必「事後再追」？

㈡西化問題

1.「民主」「科學」是西方產物，不論生根與否，本質終是西化。

2.我們不要西方的宗教，而把儒學推展到「最高的精神理念層次」以為民主科學之主宰，這是對的。但如何把這精神理念推到最高層次，時賢縱不運用康德、黑格爾，也無不憑藉西方的「哲學技術」那不有點持「西」作「魂」了嗎？

3.如前說不錯，則吾人雖主觀上是在弘揚中國文化，而實際上不正是「最高明的全盤西化推行人」了嗎？

㈢可能的推論

甲・壞的方面——假如非民主科學而不能使中國文化現代化……

那可以導致下面的「戲論」——即中國文化至少到了現代已經癱瘓無用，非西化不能起死回生。假如眞已無用了，那麼民主、科學的「根」生在何處？生了又誰來推動？

乙．好的方面——

1.「起死回生」，除了引進民主、科學、西化以外，是否還有別的途徑。

2.中國文化是否可產生「民主」、「科學」以外，而爲近代化所需的東西。

3.中國文化可否能向世人提供「不可抗拒的世界潮流」一類的東西，一如吾人必須民主，必須科學。（我想「大同」至少應該是這樣一點點的東西。）

4.我們能否創造比民主、科學更好的東西？

上面這些問題，我從來沒想過，看了你的文章，忽然泉湧而出。今天下午與陳郁夫說起，他說並不全是胡思亂想，他還想找個時間跟我研究、研究，這話不啻給我一個鼓勵，回來後連忙趕寫出這封信。

順頌

文祺！

起鈞 民國七十三年十二月二十日深夜

發揮儒家生命的熱力

——最後一場演講——

各位來賓：

今天，我到這裏來獻醜。剛才王熙元教授說了很多我的優點。其實，每個人都有很多優點，也有很多缺點。當然在這個場合，他就不說我的缺點了。他說我的優點，不免有誇大的地方。不過他說我愛國，倒是眞的。因爲當我做學生時，便立志不到國外去留學。爲什麼呢？記得我在北大二年級時，美國哈佛大學政治系主任郝爾哈克到北大來演講，他第一句話就說他是從美國歷史最久的大學到中國歷史最久的大學來演講。他說：「這兩個學校關係很深，貴校的教授很多都是我們學校畢業的學生。」這話使我產生很強烈的反感，好像說我們的教授都是他們的學生。從那個時候起，我就立志不到外國去留學。而且，我還決心要到國外去教書。據熊式一先生說，從鴉片戰爭以來，未曾到國外留學，而到國外教書的人（除了教國語國文外），大概不太多。我沒有留過洋，但卻在國外教過洋人。

剛才主席說我今天的講題是發揮儒家生命的熱力。這不僅要有內容，而且要眞正把儒家的熱誠發揮出來。各位看到在門口放着許多小册子，那是有關中美談判烟酒的問題。當談判不成時，他們居然要強迫，要報復。我自己本不喝酒吸烟，無所謂。但我感覺，他們的作法無異是鴉片戰爭嘛！因此我寫了篇文章，措辭很得體，我不說美國怎麼不好，我只說美國太不榮譽了。可是這樣的寫法，各報紙還是不敢登。黎東方先生對我說：「你不妨試試自立晚報吧！」果然在自立晚報上登了出來。記得某一位政治首長和我談起，說那正是他們心理想說的話，他們不敢講，報紙也不敢登。乾脆不如寫給美國政府，寄給雷根總統。於是我便寫了封信，還是用中文寫的。在信中說：「我的英文不好，要用中文寫。反正你也看不懂，甚至也看不到。」我這樣做，乃是表達我愛國的熱誠。

主席說今天這個會是紀念余家菊先生的。我和余先生不相識，他是我們的前輩。我雖說的是北京話，但我卻是湖北人，我數典不能忘祖，余先生乃是湖北的鄉長輩，並且也是北大的教授，而他的公子爲中央大學的余校長，我們都是很熟的朋友。因此他的紀念會，我們後生晚輩都是應該來効勞的。何況協辦的單位是慧炬雜誌社，這與我還有更深的淵源。慧炬的發起人是周宣德先生，他對佛教是非常熱誠的，我對佛教非常尊敬、非常有興趣。但我不信佛教。就像我非常愛國，但我不是黨員。我是教哲學的，在各種宗教裏，我對佛教非常敬佩。以前我曾和李炳南老居士說：「佛教雖然講佛法平等，但世間有世間之道，佛教不要老是去向知識水準低的階層傳教。唯有知識水準高的人士才眞正能夠宏揚佛教。有一個阿育王，才有佛教的大盛。正像一個總統信仰基督教，多少達官貴人便也都信仰基督教，這影響又有多大！」這些我們暫且不談。後來周宣德先生決定在大專學生中宣揚佛教。這方面我雖然沒有直接受惠，但間接受惠很大。今天怕耽誤時間，我就不說這個淵源了。自從那時起，大專佛學社團相繼成立，後來就成立了慧炬雜誌社。我是教中國哲學的。站在中國文化的立場來看，我對周先生的奮鬪精神，感到非常敬佩。所以今天由這兩個社團合辦的紀念會，我自應効勞。

今天我要講發揚儒家生命的熱力。很抱歉，今天的演講也許不會使大家感覺很有興趣。正如我有一位很熟的朋友到我家，我送他一本我的書，我說這本書沒有什麼學術的價值，但非常有可看性。相反地，今天我的演講很有意義，但你們未必很有興趣。這個意義在什麼地方，我講到後面，諸位就會知道。今天我們就中國文化來講，可說沒有人是不贊成儒家的。就是信佛教的人，對儒家也不排斥。可是結果，卻產生了偏差。把儒家最重要的都忘記了，儘講一些枝節。今天我雖人微言輕，但我卻要呼籲這一點。在講堂門前我有一些小作品奉送大家，其中有一篇「大有爲的思想」，你們不妨拿來看看。我強調儒家不可走向消極一路，因爲儒家的精神本是積極進取的，這點大家都知道，我不想在這裏說太多。大家也知道基督教講博愛，佛教講慈悲，而我講的是儒家的熱誠。剛才主席介紹我在道家方面頗有研究。我雖然爲老子一書建立了一個體系，但實際上，我體會很深的，卻是儒家。以我的看法，儒家比基督教、佛教更有了不起的熱誠。在這裏，我只能簡單的說。佛教裏面眞正大慈大悲的人暫且不算，就一般佛教徒來說，都只是講明心見性，或了生脫死。諸位想想，這是否只是明我自己的心，見我自己的性呢？是否只是我自己擺脫輪廻，我自己成佛呢？至於成佛之後再救世，那是另外的事。直接受益的還是自己罷！再拿基督教的禱告來說，都是禱告自己上天堂，希望主召我上天堂，沒有說要召別人吧！至於儒家講忠講孝，不要說是儒家的大師，就是一般小學的老師，他們和學生講什麼？還不都是要學生們：「愛你的爸爸，愛你的媽媽，愛你的國家。」我們儒家講忠孝，最主要的乃是要我們爲別人活着，這要是沒有強度的熱力，又怎麼能做得到呢？然而這些都是儒家必然要做到的事。正因爲這些都是必然要做到的事，所以大家都只做而不說。至於有許多人，又只講理論，而不講實踐。今天我到這裏來，沒有講一些很動聽的話，只是拿這些話來喚起大家的注意，不要捨本逐末。我們不講儒家則已，要講儒家就要講出一套眞正的理論。就今天來說，最嚴重的問題乃是受到西方思想的影響，我要從一個小故事講起。這是眞正的故事。在一九六〇年，美國西雅圖召開了一次中美學術會議。主席演講是由胡適先生擔任。因爲他的學術聲望高，而且學識又淵博。當然在這種場合的演講，都半是談些皆大歡喜的事，所以他談的是中美雙方的貢獻。他說了很多西方人的貢獻，和中國人學自西方的。譬如，他說中國人以前不知道如何限制國王的權力。自我們與西方接觸後，才知道有所謂憲法，然後中國人懂得憲法是教我們如何限制君權。他這話沒有人提出異議，而且都鼓掌叫好。胡先生是我的老師，但在這裏，我要當仁不讓，我以為胡先生的這番話乃是拿洋人的觀點來看中國的東西。胡先生的話好比是在說中國從前的人不懂得喝咖啡，當咖啡壺銷進來了，然後我們喝咖啡便很方便。這話對不對？不對。因為中國人從前不喝咖啡。再說權利和義務是外國的觀念，中國從前沒有的。現在我們常說權利義務，其實都是隨口亂說的。我是學政治的，我學過法律。我知道，什麼是權利，那是很嚴重的事，不是隨便亂說的。譬如，我有所有權，這不是我信口說的，而是要整個社會承認我的所有權，支持我的所有權，這就叫做權利，這個權利有法律上嚴格的意義，不是隨便亂說的。這種觀念我們沒有，並且從前也沒有人出來限制君權。皇帝要想做什麼？他就可以做什麼。臣下只能加以勸止，我們歷史上有很多忠諫之士，像比干、汲黯、魏徵等，他們不是想要限制君權，他們從頭至尾只是希望國君好好做，這樣的話，你就是聖人，就是堯舜。否則的話，你就是桀紂之君，讓人民傷心痛恨，你就是獨夫。你這樣做，就不是個好人。他們是本着這種精神，而不是說你沒有這種權利。事實上，國君要怎麼做就怎麼做，要宰你就宰你。諸位，你想是不是這樣？而結果胡先生卻說我們不知道限制君權，有了憲法就可解決問題。這是拿西洋人的觀念，來看中國的東西。胡先生是大賢，你可以說有些留學生不懂中國東西，你能說胡先生不懂中國東西嗎？胡先生在初中的時候，就拿十三經都背起來了。諸位可以看胡先生的傳，他在小學堂唸書的時候，私塾老師說：「傳有云：二人同心，其利斷金。」胡先生說那不是《左傳》，而是《易傳》，使得老師大為驚訝。你想，那時胡先生還只是小孩子而已，你能說他不懂中國東西嗎？像他這樣學貫中西的大賢，猶不免爲西洋觀念所導演，何況我們一般人？今天我如果不是研究哲學的話，我連發現胡先生的錯誤都沒有資格。我是因爲專門研究這方面，然後才慢慢的加以體會出來的。我常跟學生們說，你們沒有去過國外一天，可是你們卻是接受西洋教育的中文版。譬如現在我們跟你們講四書，和你們的祖父、曾祖父講四書一定不一樣。所以說我們今天講中國文化，都是以洋人的頭腦來導演的。在這樣的情形下，實際的東西是中國的，可是看法卻完全是洋人的觀念，和洋人的標準。因此我們很自然的會把儒家看作一派哲學。像康德、黑格爾都是一派哲學。自然的，我們也認爲中國也有這一套相似的東西。於是大家不知不覺中，上了賊船。也許我措辭不太恰當，這個賊字不太好。總之，是上了他們的船。儒家那麼高深博大，當然有它的一套哲學。但它不只是哲學，它的內容更要廣。這比如說孔子懂會計，他曾爲委吏，但他不是會計師。儒家是不是哲學，也可說是，但儒家不限於哲學。以事實來看，許多人都自稱爲儒，但他們都不是哲學學者，因爲他們不是研究哲學的。就從宋朝說起，范仲淹，能說他不是儒家嗎？司馬光，能說他不是儒家嗎？等而下之，到明代，方孝孺、張居正，再到清朝，林則徐、曾國藩，能說他們不是儒家嗎？像這些人物，書唸得好，有作爲，大家不能不服他們的地位。可是諸位讀歷史，可以發現很多人物在文章中常說：「吾儒……」怎麼樣，怎麼樣。這個「吾儒」幾乎變成了口頭禪。儒家不是專唸書的人，許多政治家都以「吾儒」自稱。你們不能否認吧！你看，儒家這麼多，他們都自稱爲儒，也沒有人反對吧！還有研究學問的，他們不研究哲學，他們研究三禮，也自稱爲儒家，別人也不否認吧！宋朝的眞德秀，寫《大學衍義》，你能說他不是儒家？清朝的秦蕙田，作《五禮通考》，你能因爲儒家太多了，他不懂哲學，而說他不是儒家嗎？雖然他們都不是搞哲學的，但我們都稱他們爲儒家。如果我們說儒家只是一種哲學的話，那麼他們不能列爲儒家，究竟該列到那裏去呢？就拿儒家本身來說，那個又是儒家哲學的標準答案呢？以原始的儒家來說，孟子講性善，荀子講性惡，假如以今天臺灣大專聯考的標準答案來定的話，究竟是性善還是性惡呢？儘管孟荀的答案不同，但他們都是儒家。再說，後來朱子講理、講氣，王陽明講致良知，可是孔子何曾講過理氣、講過致良知？可見儒家不是一派的哲學。康德哲學只是康德的哲學，黑格爾哲學只是黑格爾的哲學。一個講唯物論的人絕不能列在黑格爾哲學裏。像這種派別森嚴的情形，儒家沒有。大家都可稱爲儒家。儒家千變萬化，但有一個中心旨趣。這個中心旨趣是什麼？下面是我的一點看法，也許是最重要的發現，也許是胡說八道。是否爲定論，乃在於諸位的考證。儒家千言萬語，其中心旨趣乃是孟子的一句話：「中亦養不中，才亦養不才。」卽是說以中的人來敎育不中的人，以有才的人來培養不才的人。這句話看起來很平淡，卻是儒家精神的所在，靈魂的所在。中國文字很含蓄，往往有很多意義。這個中是指很夠標準的人。這個才是指很有才氣的人。這兩句話的意思是指用一個夠標準、有才華的人來幫助不中的人，不才的人。用現在的話來說，就是踐履對社會的責任。但這並不是出於一時的衝動，也不是像「作秀」一樣，讓大家表決，是否該這樣作。中和才在社會上都代表優秀份子，是難能可貴的，也是大家所尊敬的人。用外國話來講，都是值得驕傲的人。現在我們受西方影響，空氣污染，連文字也污染。所謂驕傲，便是污染。佛家就戒我慢，怎麼可以驕傲呢！最多只能說是榮幸。但大家都相沿成俗，認為這樣的人最值得驕傲。但你能夠驕傲嗎？因為不是你天生就是這樣的，而是社會把你培養起來的啊！假如你是個白癡，或笨蛋，你能脫穎而出，成為一個有才的人嗎？孔子是位大教育家，但舉一隅而不以三隅反的人，他也不教，這是說只會死記，只會背標準答案的人，孔子也不教，因為教了也白教，教他不成。要訓練一個有用的人，用北平的話來說，所謂好肉才能出好湯。你之所以好，首先是因為你有好的血統，這樣，你是不是要感謝你的父母使你有好血統。這並不是瞎說，而是有優生學的根據。就拿北平那些唱京戲的名伶來說，他們都是有幾代相傳的稟賦。如三大宗師；余叔岩，他的爺爺余三勝就是了不起的人物。梅蘭芳，他的爺爺梅巧伶就是有名的旦角。楊小樓，他的父親就是楊月樓。可見他們都是幾代相傳的。就拿我這點一知半解，也都是好幾代書香的影響。成就不敢說，但總比別人費力小一點。別人說我是老子專家，其實我母親的祖父，陳壽昌就是清朝最有名的莊子專家。試想，單憑我自己能成嗎？如果你是一塊材，而社會不培養你，你能成材嗎？林海峯的圍棋下得好，如果他生在非洲森林裏，沒有圍棋，他能下得好嗎？音樂家李司特，如果他生在遊牧民族中，連鋼琴都沒有見過，他能成為音樂家嗎？李遠哲如果不去美國，他只在臺大、清華，或倒退五十年，他生在日據時代，能有今天的成就嗎？是不是因為我們的教育發達，才能培植他？是不是因為美國的科學環境，才能成就他。所以今天一個人幸而爲中、爲才，不都是因爲血統及社會的培養，才能有此造就的。這樣的話，你是不是對社會有所回饋，我們借了別人的錢，還要還錢。我們受了別人的好處，能不回報嗎？你是「中」了，還有「不中」的人，你是「才」了，還有「不才」的人。如李遠哲得了諾貝爾獎金，而他的那些學生將來也會得呀！現在就應該培植他們呀！不能說我好了，就不管你。昨天有位朋友說某人的作品看不懂，我打趣的說：「是啊，那才是哲學家呀！」記得師大教育系的一位已故教授侯璠先生曾說：「什麼是哲學？就是把一句明白的話說得別人聽不懂。」他所講的就是我所指的這種哲學家。事實上，如果眞是眞理的話，他講出來，大家都能聽懂，這才是眞的哲學。試想我們都是人類的一份子，你也是一份子，我也是一份子，我們應該都有關切之情。在中國哲學家裏，我最佩服的是孟子，他眞是聰明絕頂。他有一段話說：「今人乍見孺子將入於井，必有怵惕惻隱之心……。」所謂「將入」是正在往下掉，是英語中的現在進行式。「乍見」是突然看到，心理沒有任何準備。如果心理有準備，情況就不同了。因爲你繼而一想：「哦！那個孩子啊！我向他父親借錢，硬是不肯借。該死，就拿這個錢去給他孩子買棺材吧！」這便是摻雜了恩怨。所謂「乍見」是突然看到，這個時候的反應是純潔的，這才是眞正的惻隱之心，這也證明了人與人之間的關切。後來王陽明也說：我們看到別人受傷時，都會有痛心的感覺。這些都是用很明白的例子來說明這個道理。不像許多學者把很明白的事情用許多怪怪的名辭，說得大家都聽不懂。

再拿孔子和學生討論三年之喪來說，孔子的學生中，當然也有激進的，或新潮的，認爲只要一年就夠了。可是孔子卻說，「當你父母死了，只有一年，你便吃好的，穿好的，你的心安嗎？」學生說：「安。」孔子便說：「如果你的心安，就好了。」孔子絕沒有說你犯了那一條規，你必須開除學籍。孔子只說：「不仁哉！」這是說你如此作只是心理不正常麼！很多人說「心安」，只是嘴巴硬而已。試想他自己的父母死，他能不難過嗎？一般人的心理都是如此。我認爲那些眞正的第一流人才，都不會是心理不正常，或走偏鋒的。一個正常的人見到那些不中不才的人而不管，能心安嗎？從道理上講，你應該「中也養不中，才也養不才」。從心理上講，看到不中不才的人，我們心裏很難過，應該幫他們的忙。這種養不中，養不才，看來簡單，卻是儒家思想精神的所在。把這點加以引伸，就是所謂君子己立而立人，己達而達人。拿前面所提到我向美國總統投書的例子來說，我不說美國壓迫我們。我說我要自己的國家好，我也要美國好。以前英國賣鴉片給我們，使英國在歷史上永遠蒙羞。我不願美國人做永遠蒙羞的事情，我說我希望你們爲美國人的榮譽三思而行。我們己立立人，己達達人。我們希望自己好，也希望別人好。拿這種來治世，就是所謂修身、齊家、治國、平天下。這種儒家思想，我們用現代的話，稱之爲哲學。以前，稱之爲道。這種道與其他哲學宗教不同。這不同乃是儒家所要建立的是地上的天堂。佛教要同登彼岸，要擺脫輪廻，但儒家卻說不要麻煩了，就這一岸耽着吧！基督教要上天堂，儒家卻要在人間建立天堂。儒家要如何做？就是修身、齊家、治國、平天下。成佛也好，升天堂也好，最高的境界都是一樣的。譬如耶穌爲了救世而被釘在十字架上，這當然是聖人的境界。能達到聖人的境界，另當別論。至於一般人到教堂都是爲了自己上天堂；一般人信佛教，都是爲了自己成佛。但儒家的修身、齊家、治國、平天下卻不一樣。就如我們教育學生的話，要愛你的爸爸，愛你的媽媽，不要只爲了自己。那麼，是否我完全爲了別人而修身，而齊家呢？這個問題，看起來簡單，事實上卻很複雜。就生理上來說，人的身體是一個個別的生理單元，比方說；我吃飯，營養的是我自己，對別人沒有幫助。我的太太吃飯，也營養不了我。不只如此，人的觀念意識，也自成一個系統。因此，至少從生物的基本觀念來說，一切的系統都是爲「我」這個生命的存在而建立的。打個譬喻，即使我現在吃苦受難，也是爲了將來我有錢，可以享用。再如賽跑，跑得精疲力竭，但還是咬緊牙根，忍受現在的苦，爲了最後得到金牌。所以這都是爲了自己。如果不是爲了這個身體，而是爲了另一個身體，這從生物層面來說，需要有強大的熱力，才能衝破這樊籠。儒家所謂修身、齊家、治國、平天下的道理，都是爲了另外的個體。這非有強大的熱力，不能達到。譬如孔子在魯國，生活得尚不錯，可是爲什麼他要到處去顛沛流離，而且爲小人所困。爲的是什麼？爲的是救天下。甚之，他「知其不可而爲之」。所謂：「天下有道，丘不與易也。」這也是孟子所強調的，孔子是爲了救天下。我們從心理學上來講，這是神經病呢！心理學上沒法解釋，你明明知道不成，爲什麼還要去做？這不是神經病嗎？孔子之所以如此，乃是有非常強烈的對社會的愛，使他超過了對自己身體的愛。不僅孔子是聖人，能如此。不知多少的儒家都能爲了別人，盡忠盡孝。譬如在京戲裏，常常勸人盡忠盡孝。我記得有一次聽戲，演的是諸葛亮收姜維。姜維唱：「臣盡忠來子盡孝，方在人間走一遭。」如果臣不盡忠，子不盡孝，這是衣冠禽獸，還算是什麼人呢！這是標準的儒家思想，洋人不懂得這個道理。我們可以看到西洋歷史上有多少殉道的人，但沒有說盡忠盡孝。他們今天殉道，明日就升天堂。他們就是爲的這個。我們今天聽到臣盡忠，子盡孝，好像有點落伍，其實這卻是我們精神所在，正代表了儒家的思想。假定沒有這種精神的話，誰又能齊家？誰又能治國？誰又能平天下。基督教中，釘死在十字架上的只有耶穌一人，其他都是爲了上天堂，沒有說是爲了救世界的。我們儒家卻不然，從小的方面來說，老師們都是勸學生回家孝敬父母，友愛兄弟，都是勸忠勉孝。再從大的方面來說，清朝左宗棠說：「身無半畝，心有天下。」顧亭林也說：「天下興亡，匹夫有責。」只要是儒者，有話留下來，都是爲了國家，爲了天下。范仲淹窮得連飯都沒有吃，只能吃稀飯，他卻要「先天下之憂而憂，後天下之樂而樂。」這就是儒家一般的精神。諸位想想，這種正經的事沒有了，還能如何齊家、治國、平天下？不能齊家、治國、平天下，那還算得上儒家？就拿佛家來說，如果只考證釋迦牟尼出生在什麼地方？那天死的，這叫佛教徒嗎？那只是考據家，是不是？拿儒家的經典來考據，研究儒家的井田制度是怎麼樣的，那是社會史家，怎麼能叫儒家？我們能以治國、平天下爲目標，才算是儒家，這是一個基本的共同點。連京戲的戲詞都說：「臣盡忠，子盡孝。」可是後來的學者不講基本的原則，只講那些特別的東西。結果，一講書，就講那些特殊的，而把基本的都忽略了，這樣，一直影響到後代。如清代的顏元便說：「我們是爲學而講。」諸位都知道中國哲學裏的學不是只學知識，如孔子說：「有顏淵者好學。」顏淵之好學是「不遷怒，不貳過」，這是講做人的道理。所以學就是學做人。後來的學者講做人的道理，以講爲學。這樣，發展到後來，許多學者只注重講，而忽略了學。這怎麼可以呢？

儒家的發展，有三大挫折。第一個挫折是受到魏晉消極的清談的影響，使儒家偏於消極的一面。其實儒家是積極的，進取的。就拿臺灣有今天的成就來說，單單總統的勵精圖治是不夠的。試想在大陸撤退時，不知有多少高級知識份子來到了臺灣，再加上臺灣青年的一代，接受好的教育，個個奮發有爲，才能達到這種境界。譬如臺灣的十大建設，單有蔣經國的計劃，而沒有工程師，甚至沒有技工，能做得成嗎？唐朝之所以盛，也是如此。譬如唐朝有幾個很好的制度，像輔兵制，把北周的軍事制度加以改良。唐朝的法律，沿襲了北齊的律法。唐朝的經濟很好，是承襲了北魏的均田制。我們常說宋齊梁陳隋唐，實際上，隋唐是承繼北朝來的。北朝是滅了南朝，而不是承繼南朝，所以唐朝的制度都是承繼北朝來的。北朝爲什麼有那麼好的制度？那是因爲當時儒家有兩派：一派是講書本的清談，一派是實行眞正的治國平天下之道，這卽是北朝的勵精圖治。雖然北朝的君主都是胡人，常有敗德亂行之事，可是當時的臣子，卻都是實行儒家的政治理想，卻都是眞正的在治國平天下。要知道在書本上講空洞的話容易，誰都會講一些理論。譬如明明是花生，卻說：白尾子，紅紗子，裏面坐個白胖子，這有多動聽！但眞正的治國，是要眞正能如何訂制度，如何均田賦，這才是實學。可是後來的人偸懶，只講書本，講些空洞的話。甚至眞正的書也不念，消沉了下去，使得儒家變成了只是嘴巴上的說法。

後來，經過佛學的衝擊，到了宋明理學。他們排佛是成功了，可是卻中了印度消極思想之毒。這是儒家的第二次挫折。印度文化是發展得那麼高，可是他們的生活卻是那麼的落後。說些題外的話，我認爲今天世界文化的兩大陣營，西方是以美國爲中心，是以人滅天。東方以印度和中國爲代表。印度的文化，不客氣的講，是以天滅人。以釋迦牟尼來說，他只發揮人的生物性，而沒有發揮人的人文性，或社會性。關於這點，我不想多談。釋迦牟尼的智慧非常高，絕不是朱子、王陽明等人所比得了。因此宋明理學家們在印度哲學，尤其釋迦牟尼等人的高度智慧的籠罩下，便不知不覺受到他們的影響。中國儒家原本是「天行健，君子以自強不息」，及治國平天下的。可是等宋明理學家起來後，儒家便成了消極、自守的思想。我的老師陶希聖先生曾講過：《論語》本是治國平天下的書。趙普曾說：以半部《論語》治天下。但經宋明理學家這一搞，《論語》便成了修身之書。這話不只是我說，像名望很大的學者唐君毅、牟宗三先生的老師熊十力也這樣講，認爲宋明理學變成了個人小己的修養，甚至於把人生也廢弛了。各位需要的話，我可提供這方面的資料來證明。再如很有學術地位的教授蕭公權先生，他說宋儒仁義道德的一套理論，實際變成了清談，足以致中原以淪喪。事實上，宋明一亡於元，再亡於清。其實眞正的儒家不是這樣的，你們看看孔子、孟子的精神就知道了。

最後，我們談到儒家的第三次挫折。也許講這番話，會使我背了許多是非。但寧使一家哭，不能使一路哭；寧使我自己挨罵，使別人恨我，我也不能壓制了而不說。我要說的就是今天所謂要不然就不信儒家，要信儒家，就只有信今天的新儒家。今天新儒家的興起，當然很有成就。從個人方面說，我不必指名提姓，他們在哲學史上也有地位，但不能代表儒家的正統。而這些儒家，我說句刻薄的話，乃是按照西洋人的拍子跳舞，西洋人的指揮而彈奏。今天的新儒家，在近幾十年來的崇洋迷外氣氛中，猶能自己做學問，很可敬佩。但他們不是研究儒家在今天應該怎麼走，而是受了康德、黑格爾的影響，拿中國哲學改裝一下，跟西洋人一樣，所以說是依照洋人的拍子來跳舞，照洋人的劇本來演戲。這樣，固然可以證明中國也有一套哲學，非但不差勁，而且還很好。但這不是眞正的孔孟之道。我們眞正的孔孟之道，乃是好比孔孟開了一條船，到了這個節骨眼，該開往那裏去。這是我們的船該怎麼走，而不是另造一條船。你說是不是？尤其是新儒家這個名詞，很有問題。我們中國哲學有儒家、有宋明理學。而洋人看到宋明的理學是儒家，但與從前的孔孟儒家不一樣，於是他們就造了一個名字 Neo-Confucianism，譯成中文就是新儒家。今天，我們來講儒家，當然不是紀元以前的，所以也是新的。而這一新儒家，一語雙關，也就與宋明儒家的 Neo 搭上了鈎。今天有許多講儒家的，也眞佩服宋明理學，於是也就消極的，只在理論上來搞儒家，而忘了儒家的熱情，及修齊治平的眞工夫。他們認為那一套就是儒家。他們充其量在哲學史上加添了幾筆，講了些哲學理論而已。有一次，我和師大同事陳郁夫先生談到宋明理學，我說今天如讓研究宋明理學的學者到大學裏講哲學，我毫不反對。但我們講的道，乃是指導社會人生的，如果只按照他們所講的來論道，怎麼成呢？舉例來說，以國民黨為例，馬樹禮是國民黨秘書長，是黨員；俞國華是行政院長，是黨員；一個鐵路局的工友，是黨員；一個十大建設的技工，是黨員；一個小學教師，也是黨員，他們都是黨員，卻有各自不同的崗位和立場。儒家也是如此。不是所有的儒家都作哲學教授。這正像一個小學教員也是儒家，如果只限於他的才能，而出掌學術的重任，豈不是會產生錯誤的領導。我們中國為什麼幾千年來始終強大至今，就是因為我們的道是對的。諸位看看歷史上許多強大的民族，到後來都不存在了。有一次，我到羅馬，看到羅馬廢墟。那是當時的元老院，即是政府所在地，也是統治西方的聖地；世界政治的中心。可是今天卻是一片斷瓦殘壁，供人憑弔。誠如蘇東坡說：「固一世之雄也，而今安在哉！」今天在世界歷史上，羅馬是最強大的帝國，現在已不存在了。歷史上有三大最古老的民族：猶太、印度、和中國。天下沒有偶然的事情，這三大古老民族都有一個道，內可以團結民族，外可以抵禦侵略。這個道就是他們的精神，維持了他們的民族。猶太教是希伯萊民族的精神，後來就演化為基督教。婆羅門教是印度民族的精神，演化成後來的印度教。中國民族，不用說，就是儒家精神。這三大民族因為有精神的支柱，所以幾千年來都存在。但情形不一樣，猶太人非常聰明，非常有智慧，卻一直漂流在世界上，寄生在別的國家內，不能自立。基督教的《聖經》就說，猶太人如復國，將是世界的末日。那即是象徵的說，猶太人沒有政治力，儘管他們了不起，也只能寄生在別人的國家中，而且人口也很少。據說希特勒殺了六百萬猶太人，約總人口的三分之一，如果這話屬實，那末猶太人差不多是二千多萬人，現在不會超過三千萬人。再說印度，廣土衆民，可是直到今天，仍然非常落後。他們有極高的宗教精神，而人文卻是如此的落伍。政治上更談不到。印度的強盛，一共加起來，不到二百多年。此外，全是被人統治，被人佔領，窮愁潦倒。至於中國四五千年，一向都是如此。爲什麼？因爲我們的道就是要在人間建立地上的天堂。也就是要修身、齊家、治國、平天下。英國學者李約瑟說：中國文化很特別，任何其他文化都是順着生、老、病、死，而發展，最後都結束了。可是中國文化到今天，當它一度衰退了，可是又起來了。它能消化外來的文化，又有了新的生命。我曾在美國南伊大及臺北中山堂演講時，談過這個問題。我認爲中國文化能綿延了幾千年，就是因爲我們儒家文化是講修身、齊家、治國、平天下。可是請問諸位，究竟是誰照着這修齊治平的道理去做？譬如黨員守則，每個黨員都會背，可是有幾個人照着做，他們都把它當歌一樣唱。誠如《儒林外史》上諷刺說「講孝悌」乃是一般文章的辭藻，豈能把它當作一回事。一般都是這樣的想法。那麼是否修齊治平的道理被大家當作歌唱，當作文章的辭藻？其實在文化上，有少數例外，也許是傻瓜，也許是第一等的人，他們眞的就切實的去幹。像范仲淹之流，他們眞能去實行齊家、治國、平天下的道理。因此到了任何時代危機的時候，有這種第一流人才，拼了他們自己的生命，不計自己的利害，就這樣的去幹。諸位都知道，歷史是人做的。這種第一流人才去拼命的做，還有什麼事情做不成的？譬如孫中山，蔣介石等人。各位想想，我們的抗戰，如果沒有蔣介石這等人物，還能打勝仗嗎?我不是黨員，我也不必替人宣傳。但我要說的乃是這種第一流的人才，眞的拼了命去幹。我們自古以來，都是如此。印度的傳統，都只叫你去成佛，沒有講這個吧！猶太人叫你上天堂，也沒有講這個吧！只有中國人才講修身、齊家、治國、平天下的道理。可是我們到了民國初年，一窩蜂的起來打倒孔家店，認爲有孔子就沒有科學，這實在是胡說八道，膚淺之極。當時大家辯論：「此亦一是非，彼亦一是非。」可是現在我們可以證明了吧！二次大戰之後，世界公認最發達、最繁榮的是五個地區，即日本、南韓、臺灣、香港、和新加坡。它們被稱爲東亞五條龍。這不是我們如此講，日本首相中曾根曾說過。當我在聯合報上看到他的話時，那時他還沒有做首相。他認爲這幾個國家之所以有此成就，乃是因爲他們都講孔孟之道。這是事實。後來新加坡強調儒學，他們的報紙邀我寫篇文章，我寫的題目乃是：「孔學與現代的價值」。我認爲這個關係是當然的，而不是偶然的。因爲儒家是講做人、講社會的關係，講修身、齊家、治國、平天下的道理。你研究學問很好，但如果社會很亂的話，你又怎麼能行呢?如果我們不講儒家的眞精神，而拿康德、黑格爾那一套哲學來講儒家。儘管我們講得很好，可是卻把基本的熱情忽略了，而無修齊治平的工夫。當然多添一套理論本無所謂，可是後人如果只拿這一套理論當作儒家的大道的話，我們的國家如何能弄得好，我們的命脈又怎麼能往下發展。雖然我人微言輕，我看到今天許多年輕人抗志希古，發揮新儒家，也很高興，但我說這番話也是希望他們不要走偏了。今天我們應該來講近代儒家。我們要想孔子到了今天該怎麼辦？好像孔子駕船到了二十世紀了，該怎麼開？儒家思想是了不起，但在今天應該怎麼解決問題？這些不僅是我們自己的問題，還有許多領導世界的問題。今天美國是以人滅天，諸位想想，今天自然科學發達到如此地步，能完全解決人類的問題嗎？單是機器，單是物質，能得到人類的幸福嗎？能達到人類的理想嗎？另外一方面，只管一天到晚念佛修鍊，是否眞能達到人類的理想呢？記得今年三月，我在省政團演講，我說：諸位都是公務員，諸位能做到不貪汚嗎？你們連一元錢都不貪，這是起碼，不是全部。你不貪汚，但還要做事。宋明理學家只講心性修養，而不能發揮作人的功能，那只算是半個儒家。這樣就會帶來很大的偏差。所以今天我們要「天行健，君子以自強不息」，我們要針對當前的問題，來提出解決的辦法，這不是任何一個人能做到的，而是要大家集思廣益，給目前的中國，開創出一條康莊的大道。

滄海叢刊已刊行書目(八)

書名	作者	類別
文學欣賞的靈魂	劉述先	西洋文學
西洋兒童文學史	葉詠琍	西洋文學
現代藝術哲學	孫旗譯	藝術
音樂人生	黃友棣	音樂
音樂與我	趙琴	音樂
音樂伴我遊	趙琴	音樂
爐邊閒話	李抱忱	音樂
琴臺碎語	黃友棣	音樂
音樂隨筆	趙琴	音樂
樂林蓽露	黃友棣	音樂
樂谷鳴泉	黃友棣	音樂
樂韻飄香	黃友棣	音樂
樂圃長春	黃友棣	音樂
色彩基礎	何耀宗	美術
水彩技巧與創作	劉其偉	美術
繪畫隨筆	陳景容	美術
素描的技法	陳景容	美術
人體工學與安全	劉其偉	美術
立體造形基本設計	張長傑	美術
工藝材料	李鈞棫	美術
石膏工藝	李鈞棫	美術
裝飾工藝	張長傑	美術
都市計劃概論	王紀鯤	建築
建築設計方法	陳政雄	建築
建築基本畫	陳榮美 楊麗黛	建築
建築鋼屋架結構設計	王萬雄	建築
中國的建築藝術	張紹載	建築
室內環境設計	李琬琬	建築
現代工藝概論	張長傑	雕刻
藤竹工	張長傑	雕刻
戲劇藝術之發展及其原理	趙如琳譯	戲劇
戲劇編寫法	方寸	戲劇
時代的經驗	汪琪 彭家發	新聞
大衆傳播的挑戰	石永貴	新聞
書法與心理	高尚仁	心理

滄海叢刊已刊行書目㈦

書名	作者	類別
印度文學歷代名著選(上)(下)	糜文開編譯	文學
寒山子研究	陳慧劍	文學
魯迅這個人	劉心皇	文學
孟學的現代意義	王支洪	文學
比較詩學	葉維廉	比較文學
結構主義與中國文學	周英雄	比較文學
主題學研究論文集	陳鵬翔主編	比較文學
中國小說比較研究	侯健	比較文學
現象學與文學批評	鄭樹森編	比較文學
記號詩學	古添洪	比較文學
中美文學因緣	鄭樹森編	比較文學
文學因緣	鄭樹森	比較文學
比較文學理論與實踐	張漢良	比較文學
韓非子析論	謝雲飛	中國文學
陶淵明評論	李辰冬	中國文學
中國文學論叢	錢穆	中國文學
文學新論	李辰冬	中國文學
離騷九歌九章淺釋	繆天華	中國文學
苕華詞與人間詞話述評	王宗樂	中國文學
杜甫作品繫年	李辰冬	中國文學
元曲六大家	應裕康 王忠林	中國文學
詩經研讀指導	裴普賢	中國文學
迦陵談詩二集	葉嘉瑩	中國文學
莊子及其文學	黃錦鋐	中國文學
歐陽修詩本義研究	裴普賢	中國文學
清眞詞研究	王支洪	中國文學
宋儒風範	董金裕	中國文學
紅樓夢的文學價値	羅盤	中國文學
四說論叢	羅盤	中國文學
中國文學鑑賞擧隅	黃慶萱 許家鸞	中國文學
牛李黨爭與唐代文學	傅錫壬	中國文學
增訂江皋集	吳俊升	中國文學
浮士德研究	李辰冬譯	西洋文學
蘇忍尼辛選集	劉安雲譯	西洋文學

滄海叢刊已刊行書目㈥

書名	作者	類別
卡薩爾斯之琴	葉石濤	文學
青囊夜燈	許振江	文學
我永遠年輕	唐文標	文學
分析文學	陳啓佑	文學
思想起	陌上塵	文學
心酸記	李喬	文學
離訣	林蒼鬱	文學
孤獨園	林蒼鬱	文學
托塔少年	林文欽編	文學
北美情逅	卜貴美	文學
女兵自傳	謝冰瑩	文學
抗戰日記	謝冰瑩	文學
我在日本	謝冰瑩	文學
給青年朋友的信(上)(下)	謝冰瑩	文學
冰瑩書柬	謝冰瑩	文學
孤寂中的廻響	洛夫	文學
火天使	趙衛民	文學
無塵的鏡子	張默	文學
大漢心聲	張起鈞	文學
回首叫雲飛起	羊令野	文學
康莊有待	向陽	文學
情愛與文學	周伯乃	文學
湍流偶拾	繆天華	文學
文學之旅	蕭傳文	文學
鼓瑟集	幼柏	文學
種子落地	葉海煙	文學
文學邊緣	周玉山	文學
大陸文藝新探	周玉山	文學
累廬聲氣集	姜超嶽	文學
實用文纂	姜超嶽	文學
林下生涯	姜超嶽	文學
材與不材之間	王邦雄	文學
人生小語(一)(二)	何秀煌	文學
兒童文學	葉詠琍	文學

滄海叢刊已刊行書目(五)

書名	作者	類別
中西文學關係研究	王潤華	文學
文開隨筆	糜文開	文學
知識之劍	陳鼎環	文學
野草詞	韋瀚章	文學
李韶歌詞集	李韶	文學
石頭的研究	戴天	文學
留不住的航渡	葉維廉	文學
三十年詩	葉維廉	文學
現代散文欣賞	鄭明娳	文學
現代文學評論	亞菁	文學
三十年代作家論	姜穆	文學
當代臺灣作家論	何欣	文學
藍天白雲集	梁容若	文學
見賢集	鄭彥棻	文學
思齊集	鄭彥棻	文學
寫作是藝術	張秀亞	文學
孟武自選文集	薩孟武	文學
小說創作論	羅盤	文學
細讀現代小說	張素貞	文學
往日旋律	幼柏	文學
城市筆記	巴斯	文學
歐羅巴的蘆笛	葉維廉	文學
一個中國的海	葉維廉	文學
山外有山	李英豪	文學
現實的探索	陳銘磻編	文學
金排附	鍾延豪	文學
放鷹	吳錦發	文學
黃巢殺人八百萬	宋澤萊	文學
燈下燈	蕭蕭	文學
陽關千唱	陳煌	文學
種籽	向陽	文學
泥土的香味	彭瑞金	文學
無緣廟	陳艷秋	文學
鄉事	林清玄	文學
余忠雄的春天	鍾鐵民	文學
吳煦斌小說集	吳煦斌	文學

滄海叢刊已刊行書目㈣

書名	作者	類別
歷史圈外	朱桂	歷史
中國人的故事	夏雨人	歷史
老臺灣	陳冠學	歷史
古史地理論叢	錢穆	歷史
秦漢史	錢穆	歷史
秦漢史論稿	刑義田	歷史
我這半生	毛振翔	歷史
三生有幸	吳相湘	傳記
弘一大師傳	陳慧劍	傳記
蘇曼殊大師新傳	劉心皇	傳記
當代佛門人物	陳慧劍	傳記
孤兒心影錄	張國柱	傳記
精忠岳飛傳	李安	傳記
八十憶雙親 師友雜憶 合刊	錢穆	傳記
困勉強狷八十年	陶百川	傳記
中國歷史精神	錢穆	史學
國史新論	錢穆	史學
與西方史家論中國史學	杜維運	史學
清代史學與史家	杜維運	史學
中國文字學	潘重規	語言
中國聲韻學	潘重規 陳紹棠	語言
文學與音律	謝雲飛	語言
還鄉夢的幻滅	賴景瑚	文學
葫蘆・再見	鄭明娳	文學
大地之歌	大地詩社	文學
青春	葉蟬貞	文學
比較文學的墾拓在臺灣	古添洪 陳慧樺 主編	文學
從比較神話到文學	古添洪 陳慧樺	文學
解構批評論集	廖炳惠	文學
牧場的情思	張媛媛	文學
萍踪憶語	賴景瑚	文學
讀書與生活	琦君	文學

滄海叢刊已刊行書目㈢

書名	作者	類別
不疑不懼	王洪鈞	教育
文化與教育	錢穆	教育
教育叢談	上官業佑	教育
印度文化十八篇	糜文開	社會
中華文化十二講	錢穆	社會
清代科舉	劉兆璸	社會
世界局勢與中國文化	錢穆	社會
國家論	薩孟武譯	社會
紅樓夢與中國舊家庭	薩孟武	社會
社會學與中國研究	蔡文輝	社會
我國社會的變遷與發展	朱岑樓主編	社會
開放的多元社會	楊國樞	社會
社會、文化和知識份子	葉啓政	社會
臺灣與美國社會問題	蔡文輝 蕭新煌 主編	社會
日本社會的結構	福武直 著 王世雄 譯	社會
三十年來我國人文及社會科學之回顧與展望		社會
財經文存	王作榮	經濟
財經時論	楊道淮	經濟
中國歷代政治得失	錢穆	政治
周禮的政治思想	周世輔 周文湘	政治
儒家政論衍義	薩孟武	政治
先秦政治思想史	梁啓超原著 賈馥茗標點	政治
當代中國與民主	周陽山	政治
中國現代軍事史	劉馥著 梅寅生譯	軍事
憲法論集	林紀東	法律
憲法論叢	鄭彥棻	法律
師友風義	鄭彥棻	歷史
黃帝	錢穆	歷史
歷史與人物	吳相湘	歷史
歷史與文化論叢	錢穆	歷史

滄海叢刊已刊行書目(二)

書名	作者	類別
語言哲學	劉福增	哲學
邏輯與設基法	劉福增	哲學
知識・邏輯・科學哲學	林正弘	哲學
中國管理哲學	曾仕强	哲學
老子的哲學	王邦雄	中國哲學
孔學漫談	余家菊	中國哲學
中庸誠的哲學	吳怡	中國哲學
哲學演講錄	吳怡	中國哲學
墨家的哲學方法	鍾友聯	中國哲學
韓非子的哲學	王邦雄	中國哲學
墨家哲學	蔡仁厚	中國哲學
知識、理性與生命	孫寶琛	中國哲學
逍遥的莊子	吳怡	中國哲學
中國哲學的生命和方法	吳怡	中國哲學
儒家與現代中國	韋政通	中國哲學
希臘哲學趣談	鄔昆如	西洋哲學
中世哲學趣談	鄔昆如	西洋哲學
近代哲學趣談	鄔昆如	西洋哲學
現代哲學趣談	鄔昆如	西洋哲學
現代哲學述評(一)	傅佩榮譯	西洋哲學
懷海德哲學	楊士毅	西洋哲學
思想的貧困	韋政通	思想
不以規矩不能成方圓	劉君燦	思想
佛學研究	周中一	佛學
佛學論著	周中一	佛學
現代佛學原理	鄭金德	佛學
禪話	周中一	佛學
天人之際	李杏邨	佛學
公案禪語	吳怡	佛學
佛教思想新論	楊惠南	佛學
禪學講話	芝峯法師譯	佛學
圓滿生命的實現(布施波羅蜜)	陳柏達	佛學
絶對與圓融	霍韜晦	佛學
佛學研究指南	關世謙譯	佛學
當代學人談佛教	楊惠南編	佛學

滄海叢刊已刊行書目(一)

書名	作者	類別
國父道德言論類輯	陳立夫	國父遺教
中國學術思想史論叢(一)(二)(三)(四)(五)(六)(七)(八)	錢穆	國學
現代中國學術論衡	錢穆	國學
兩漢經學今古文平議	錢穆	國學
朱子學提綱	錢穆	國學
先秦諸子繫年	錢穆	國學
先秦諸子論叢	唐端正	國學
先秦諸子論叢（續篇）	唐端正	國學
儒學傳統與文化創新	黃俊傑	國學
宋代理學三書隨劄	錢穆	國學
莊子纂箋	錢穆	國學
湖上閒思錄	錢穆	哲學
人生十論	錢穆	哲學
晚學盲言	錢穆	哲學
中國百位哲學家	黎建球	哲學
西洋百位哲學家	鄔昆如	哲學
現代存在思想家	項退結	哲學
比較哲學與文化(一)(二)	吳森	哲學
文化哲學講錄(一)(二)(三)(四)	鄔昆如	哲學
哲學淺論	張康譯	哲學
哲學十大問題	鄔昆如	哲學
哲學智慧的尋求	何秀煌	哲學
哲學的智慧與歷史的聰明	何秀煌	哲學
內心悅樂之源泉	吳經熊	哲學
從西方哲學到禪佛教—「哲學與宗教」一集—	傅偉勳	哲學
批判的繼承與創造的發展—「哲學與宗教」二集—	傅偉勳	哲學
愛的哲學	蘇昌美	哲學
是與非	張身華譯	哲學